はじめに――これからの時間をどう生かすか

をめぐるニュースを見聞きする機会が、ここ数年増えていないか。

ば、「共働きに時短家電」（読売新聞２０１８年7月23日）、「最も眠れないのは40代

満が半数」（共同通信２０１８年９月11日）、せっかちな世間に苦言を呈した投書

謝罪』ああ不寛容な社会」（朝日新聞２０１７年11月24日）などなど。究極の時短料

ラーメン文化を題材にした特集「すぐおいしい即席麺60年」（朝日新聞２０１９年３

なども並ぶ。現代人はとかく忙しい。

のはもちろん、「働く」ことと無関係ではない。働く時間のニュースが、新聞紙面を賑わしてきた。長時間労働の特集「仕事のために生きる？　残業が前提当たり前？」（朝日新聞２０１５年12月28日）をはじめ、「長時間労働見直す企業　働きやすさ人材確保のカギ」（読売新聞２０１７年1月12日）、「『これ以上働いたら壊れる』　見えない労働時間」（朝日新聞２０１７年6月11日）、さらに「過労死の四半世紀」（朝日新聞２０１６年12月14日）。記事の調子も深刻さを増した。

ときに体と心を損《そこ》ない、最悪の場合は働く人を死へと追い詰める超・長時間労働が大きな社会問題になり、政府が重い腰を上げたのが2016年。働く人の視点に立った労働制度の改革、いわゆる「働き方改革」を唱《とな》え、残業時間の上限規制や、非正規労働者の待遇改善を図るために、関連法案の改正を進めた。

経済は低成長、実質賃金の伸びはほぼゼロか、マイナス。こうした苦境の中で、働き方改革がもたらす果実、最大のメリットは何か。働くほとんどの人にとって、それはお金以上に「時間」であるのは間違いない。

少ない時間で効率よく働き、成果を出すように心がければ、長時間労働は必要でなくなる。働かなくてもいい自由な時間が増える。うまくいけば、お金持ちでなく、ちょっと「時間持ち」になれそうだ。もちろん、うまくいけばの話だが。

時間ニュースが増えているのは、人々の時間に対する意識の変化とつながっているのではないか。経済成長の下で右肩上がりに給料が増える時代は過去となった以上、お金と時間に対する発想の転換が必要だ。

お金の代わりに増える自由時間はお金と同じか、それ以上の価値があるかもしれない。自分の時間は、ほかでもない自分の人生のことでもある。かくも大事な時間なのに、しっかりと顧《かえり》みられることがなかった、気がする。「わたしの自由時間はどれだけ増えたか、どれだけあるのか」「時間を有効に使ってきたのか、無駄に垂れ流してこなかったか」と見直す時間を、個々人はほとんど確保してこなかったのではないか。

ベストセラー『定年後』（中公新書）の著者、楠木新《くすのきあらた》に関する記事に次のような一節がある。「60歳から74歳までの15年間を『黄金の期間』と呼ぶ。自由に使える時間は、独自の計算で6万時間にもなる。『生かさない手はない』」（朝日新聞2017年11月3日）。こんなにたくさんの時間をどう使ったらいい？「気づいたことがある。『（中略）家族関係や社会とのつながり、生きがいという大切な問題もある。本当のニーズはそこ』」（同）。

人生最後に残されたかけがえのない時間をしっかり見積もり、悔いのないように適切に使う。楠木は最適な用途として、他者との絆《きずな》づくりなどを挙げている。

時間をどう扱ったらいいか。お金にたとえてみれば、家計簿がある。わが家の、あるいは個人の収入と支出などを記録することで、お金の動きを見える化する。これを活用すれば、「何に使ったのか覚えていないが、いつの間にか財布が空っぽ！」と冷や汗をかかずに済む。

家計簿は、無駄づかいの監視、防止にとどまらない。「予算」という考え方を取り入れ、何に使うかをあらかじめ計画し金額を見積もることを勧める、優《すぐ》れものの家計簿がある。家計簿という文化で培《つちか》われたノウハウ、知恵は、時間を管理するにも大いに参考になりそうだ。

お金の家計簿のような道具が、時間にもあったらいいのに——そう痛感したきっかけが筆者にはあった。

筆者は共同通信記者として、連日のように午前0時すぎまで仕事をし、タクシーで自宅にたどり着き爆睡。朝9時ごろ目覚めて出勤して……。1日3度の食事も食べたり食べなかったり、暴食したり。そんなめちゃくちゃな時間生活を20年近く続けた挙げ句、健康診断で「このままでは急死する危険さえあります」と医師から、あきれ返るようにたしなめられた。

仕事は好きだった。達成感もあり、お金も少しずつたまったから、毎日のように長時間労働を重ねていた。中毒になっていたのだろう。仕事以外で自分が本当にやりたい、やらなければいけない大事なことがあっても、それを実現する時間の余裕がない、とあきらめていた。そうして大事な家族や友人に迷惑をかけていた。時間に関するまったくの愚《おろ》か者だった。

「長時間労働をなくし、健康的な生活時間にしないといけない」。そう思うにしても、待てまずはお金の不安が先に立つ。「残業が減って、それで生活できるのか」と。早速、家計簿を付け始めた。1ヵ月ほど続けていれば、お金の出入りや自分の消費の癖が見えてきた。

無駄づかいをなくし、お金を使わない時間をもっと楽しめば、これくらいの収入減でも健康で幸福な暮らしを維持できそうだ、という見通しが立った。そうして、長時間労働が常態ではない別のやりがいのある職場へ異動させてもらった。お金による生活の縮小を実行した。

なるほど、仕事量は減り、収入も減った。代わりに、自分で自由にできる時間が増えた。仕事以外で自分が本当にやりたい、本当はやらなければいけないことのために、以前より多くの時間を使えるようになった。時間による生活を拡大させた。おかげで家族や友人とのおしゃべりは増えた。趣味の時間もしっかり確保できた。

でも、そうはいってても、時間だって1日24時間と限りがある。人生も同じ。時間はみるみるなくなっていく。自分の時間について全体像も細かなこともほとんど何も知らないままでは、時間をただ食い散らかすようなものだ。十分に生かし切るなんてできやしない。人生を充実させられそうもない。

こうして、時間をしっかりと把握するために、時間を記録する家計簿のようなものが必要だと気づかされた。

試行錯誤を重ね、編み出したのが、**時を計る帳簿「時計簿《じけいぼ》」**だ。時計簿をつけることで、午前0時までに就寝し、朝7時すぎに起床し朝食を取り、といった規則正しい生活ができるようになった。

とにかくいろいろ記帳してみると、どんな活動、目的に無駄な時間を使っているのか、時間の使い方の傾向、時間の癖のようなことが浮き彫りになる。現在につながる過去の時間の特徴がつかめる。

未来については、趣味や学び、家族団欒《だんらん》、介護、子育て、コミュニティー活動などで目標を立て、必要とする時間を「予算」化し、ちゃんとこなしたか日々評価して「決算」をすれば、目標の実現にどれだけ近づいたかを実感できる。折に触れて時計簿を見直し問題点を探り、上手な時間の使い方の精度を高めることも可能だ。

そもそも時計簿は、家計簿にできないことができる。ちょっとした工夫で、自分がどれくらい幸福なのか、見える化する機能を盛りこめる。どんなことに、どれだけの時間を使うと自分の幸福度がどれだけ上がるのかも明らかになる。「お金を使わなくても、時間だけでこんなに幸福になれるのか」と発見する。毎日の「幸福の総量」も時計簿で確認できる。

お金第一の経済社会の中では、ちょっとでも時間があれば働いてお金にする。それが当たり前。いつの間にかお金を第一の基準にして、自らの人生や社会を見て、評価するようになる。あらゆる価値を大切なことを、お金を基準にして評価する「お金本位」が定着する。

その副作用として、お金では捉え切れない時間そのことの価値を見失うような傾向、風潮が強まったといえないか。「時間だけあっても、お金がなければしょうがない」と軽んじてきたところがなかったか。

お金と時間の関係を考える際に見落とされがちな、でもとても重要な事実がある。それは、

「お金を使わずに時間だけを使うことはできる。でも、時間をまったく使わずにお金を使うことはできない」ということだ。いくらお金があっても、消費でさえ投資でさえ貯蓄でさえ、残り0秒では実行不可能だ。死んでしまってはお金の使いようがない。

足下の経済社会を見直してみれば、富裕層と貧困層の二極化、分断が進んだ。格差社会の中で子どもの貧困率は高まり、生活保護世帯は増え、人口の大都市圏集中と地方の過疎化を引き起こした。経済社会を維持するために国・自治体は税収以上の財政支出で借金を重ね、総額は国と地方自治体合わせて1100兆円を超えた。

経済社会は崖《がけ》っぷちの行き詰まりに至る中で、実はひっそりとこっそりと社会の片隅で希望の芽が顔を出している。お金だけに頼ることなく、時間にこそ重きを置く人々が登場している。

こうした人は、家族や友だちとの団欒、ボランティア活動、近所の散策等々といった、お金がなくてもできることに時間を上手に使う。そうして人生と社会を豊かにしている。

お金を稼いだり、あるいはお金を消費したりといったことに関わらない「お金が混じらない時間」がある。この時間を堪能《たんのう》するのは、甘味料などが混じっていない自然のままの真水をおいしいと感じる感覚、気持ちに近い。だから、お金と無関係の時間を「真水《まみず》時間」と呼ぶことにしたい。

すべての価値を時間で評価する「時間本位」の社会では、真水時間が中心のテーマ、関心事になる。

長寿社会の実現で増える一人一人の真水時間を、それぞれがどう生かすのか、幸福度や生きがいをいかに向上させるか。お金でなく時間で換算する富があるなら、コミュニティーや国や世界でどう生かせるのか。こうした課題に時間本位で応えるためにも、まずは時間を基準に生活する個人の広がりが大前提になる。時計簿が求められるゆえんだ。

後の章であらためて紹介するが、時計簿には2つの大きな〝いいこと〟がある。まず1つ目。**使い捨てにしているような時間をちゃんと記録すると、価値ある時間になる。**ごみになる物を捨てずに再活用すれば価値ある資源になるのと同じだ。

そして2つ目。**時間を記録するのは、人生を写生することにほかならない。時計簿は自分の〝生〟の引き写し、分身になる。**時計簿を記録すれば、この2つを実感するはずだ。

真水時間を大切に思う人が増え、時間本位の社会の仕組みが整ったとき、お金による格差が解消された「時間大国」になるかもしれない。少しでもそうなってほしい。**時間大国、時間社会への大転換の入り口に立つ今、その通行手形が時計簿にほかならない。**

●目次

第2章 「真水時間」という人生の大きな資源

第3章　幸福時間を増やす生き方

第5章　時計簿《じけいぼ》で人生が楽しくなる！

40代からの「時《じ》計《けい》簿《ぼ》」革命

――多忙という無駄からの脱却

第1章　時間がない中年病にかかっていないか

過労死が「karoshi」に

過労死が「karoshi」として、英語の辞書に初掲載されたのが2002年とされる。日本発の、時間に関連する悲痛で不幸なこの言葉が世界に広まって久しい。経済大国・日本は、時間でも大国か、それとも小国か。

振り返ること1990年前後、「24時間戦えますか」というキャッチコピーのコマーシャルが日本を席巻した。「長時間労働は当たり前で、経済成長は続き、給与も増えた。その後、日本経済は低成長に苦しむが、長時間労働は相変わらずだ」（朝日新聞2016年5月12日）。記事は、24歳の出版社社員が1997年、急性心不全で亡くなり、労災認定されたと紹介する。「帰宅が深夜0時を回り、土日勤務も珍しくなく」働いていたという。

経済社会では、時間があるだけでは生きられない。まとまった時間を投じてお金を稼ぎ、生きるための糧《かて》や物をそろえなければいけない。仕事で時間を使うのは、いわば宿命だ。そのお金稼ぎの時間が「宿命」の域を超え、健康や生命を脅《おびや》かすまでに肥大化している。

長時間労働の犠牲者は後を絶たない。厚生労働省発表の2018年度「過労死等の労災補償状況」によると、過重労働が原因で脳・心臓の疾患になり、労災認定されたのは238件、うち82人が過労死だった。認定された件数だけで、毎週約１・６人の割合で過労死の犠牲者がいる計算だ。

働く人を守るための労働基準法は、労働時間について原則「１日８時間、週40時間」と定めている。長時間の残業が社会問題になり、政府は働き方改革関連法で、残業の上限を原則「月45時間、年３６０時間」にした。臨時で特別な事情がある場合も「年７２０時間以内、単月１００時間未満（休日労働含む）、複数月平均80時間以内（休日労働含む）」が限度だ。

といっても月１００時間の残業は、過労死や過労自殺の危険性が高まるとされる基準「過労死ライン」でもある。法律の規制の範囲内であっても油断は禁物。過労死ライン未満であっても長時間残業を繰り返すとどうなるか。深刻な病《やまい》を患《わずら》う恐れがあると、最近の研究が明らかにしている。

心筋梗塞のリスクが１・６倍に

国立がん研究センターや大阪大学などの研究チームが発表した調査・研究結果によると、１日11時間以上働く中年男性は、７〜９時間働く男性に比べて急性心筋梗塞のリスクが１・６倍になる。研究をまとめた大阪大学教授（公衆衛生）の磯博康《いそひろやす》は警鐘を鳴らした。「長時間労働を長く続けた人は仕事を引退後も、心筋梗塞のリスクが高くなることが示された。

（中略）将来的に健康を脅かす可能性があることを社会がもっと自覚すべきだ」（読売新聞2019年4月20日）。

過去の長時間労働が、現在だけでなく未来までも重い病や突然死の〝時限爆弾〟で脅かす。時間を過度にお金にすることで健《すこ》やかな時間が奪われる。時に死によって、「時間を楽しむ」ための残りの人生の全時間を無にする。人としての存在を危うくする。

経済社会では物でも空間でも、楽しく過ごす時間も、お金で買える商品にしてしまう。お金を使わないと得られない楽しい時間があるのは確かだ。たとえば、高性能スポーツカーでドライブ、大型クルーザーでパーティー、ミシュランガイドの三つ星レストランで舌鼓《したつづみ》、等々。近未来なら、宇宙旅行で青い地球を目の当たりにするひとときが含まれるかもしれない。いずれもお金を使ってこそ、贅沢《ぜいたく》な時間を楽しめる。

贅沢な商品、サービスはさまざまなメディアで宣伝され、人々を魅了する。自分も贅沢なもの・ことを買いたいと欲望を膨《ふく》らませ、お金稼ぎに精を出す。生きるための糧や物を整えるための「宿命の時間」だったはずなのに、いつの間にか過剰な、つまり「必要な、または適当な数量や程度を超えている」（広辞苑）ような長時間労働になってしまう。理由の1つは、贅沢を求めるから。贅沢は「必要以上に金をかけること。分に過ぎたおごり」（同）。お金本位の経済社会はそこに生きる人々に対して、本来必要とされる以上の人生の時間を投じるよう誘い、仕向けるものらしい。こうして人生という時間がお金に従うようになり、奴隷になっていく。

モモ vs.時間どろぼう

児童文学作家のミヒャエル・エンデが著《あらわ》した本『モモ――時間どろぼうとぬすまれた時間を人間にとりかえしてくれた女の子のふしぎな物語』（大島かおり訳、岩波書店）は、モモという名の少女が主人公の、時間をめぐる冒険物語だ。モモは、劇場の廃墟をすみかに貧しい暮らしをするが、多くの友だちに恵まれ、いつも楽しい豊かな時間を共にしている。

ところが、時間はお金稼ぎのために使うべきだとする「灰色の男たち」が現れ、おしゃべりや遊び、介護といったお金にならない時間は「浪費」として徹底的に節約するよう促す。得られた時間を効率的にお金稼ぎに回すよう持ちかける。これに応じた人々はお金持ちになるけれど、楽しい快い時間をなくしてしまう。その人らしい幸福な人生を奪われる結果になる。

現代の消費社会を分析した社会学者、ジャン・ボードリヤールは、過剰傾向を皮肉っぽく指摘している。「豊かな社会の富がどれほど浪費と結びついているかは、よく知られている。（中略）個人にせよ社会にせよ、ただ生きながらえるだけでなく、本当に生きていると感じられるのは、過剰や余分を消費することができるからなのである」(『消費社会の神話と構造』今村《いまむら》仁司《ひとし》・塚原《つかはら》史《ふみ》訳、紀伊國屋書店)。

経済社会の中では、どうしてもお金を使って楽しい時間を過ごす活動が優位になりがちだ。ここで注意が必要だ。そうして得られる幸福感や充実感の代償ともいうべき、皮肉な状況が待ち受けている。**長時間働いてお金を稼いで、いざお金を使おうにも、使うための残り時間が希少、非常に少なくなっている。**

それで、ごく限られた休みの日、時間にパーッと一息に大金をつぎ込み、贅沢な商品やサービスを購入して楽しむ、という刹那《せつな》的《てき》な消費行動を余儀なくされる。それも病気のリスク付きで。

つまるところ、経済社会で生きる限り、お金のことだけを考えていても、時間を楽しむことがままならない。そうなれば、時間とお金の両方を一緒に管理、運用するしかない。「お金をどれくらい稼ぐために、どれくらいの時間働くのか」という視点と、「お金をどれくらい消費するために、どれくらいの時間を使うのか」という視点の両方が欠かせない。

たとえば、高額の服も、それをどこかに着ていく時間がないなら単なるごみ、タンスの肥やしになるだけだ。あるいは、賞味期限ギリギリで半額になった食パンを「お得だから」と買っても、カビが生えるまでに食べ切る時間がないなら、捨てざるを得ない。商品・サービスを買う際、値札に表示されたお金のことは気にしても、消費に必要な時間のことまでよく考えなかったりする。時間の視点が欠けると、お金も商品も無駄になる。

「時間と釣り合ったお金、お金と釣り合う時間」というバランス感覚があってこそ、経済社会で楽しい時間を満喫できるといえそうだ。

睡眠時間を削る生活

日本人の生活時間の傾向を知るには、総務省の社会生活基本調査が役に立つ。１日24時間の使い方を「必要」「義務」「自由」の３つに大きく分類し、総じて日本人の時間の使いっぷりを明らかにしている。

睡眠や食事など生理的に必要な時間が「１次活動時間」、仕事や家事など社会生活を営む上で義務的な性格の強い時間が「２次活動時間」、これら以外で自由に使える時間が「３次活動時間」だ。これは、次のような数式で表し、「生活時間方程式」と呼ぶことにする。


24時間＝１次活動時間＋２次活動時間＋３次活動時間　（生活時間方程式）

１日24時間は、資産数兆円の長者だろうと、複数のアルバイトを掛け持ちする貧乏学生だろうと、命ある一人一人に等しくある。「神様から与えられる」ともいえそうな24時間という絶対的な条件の中で、活動の時間配分は原則として個人の自由裁量で決められる。お金持ちだから楽しい時間が多いわけでも、貧しいから少ないわけでもない。

もし、仕事（2次活動時間）が増えたなら当然、1日24時間以内に収めるために1次活動時間か3次活動時間のどちらか、あるいは両方を減らさざるを得ない。実際は、健康な心身を養う1次活動時間、特に睡眠時間を削る人が多いようだ。15歳以上の平均睡眠時間は1976年は8・1時間だったが、2011年には7・7時間まで短くなっている。

厚生労働省の2017年国民健康・栄養調査では、1日の平均睡眠時間が6時間未満の男性が36・1%、女性が42・1%に上った。「ここ1ヵ月間、睡眠で休養が十分とれたか」との質問に、「十分にとれていない」と答えた男女の割合が20・2%に達した。電車や飲食店、公園のベンチなどでうたた寝する会社員の姿がありふれた経済大国・日本は、まさしく「寝不足の大国」だ。

寝不足の原因は、長時間労働だけではない。さまざまな娯楽産業が人々から睡眠時間を奪おうとしている、現に奪っている。2019年、有料会員数が世界で1億6700万人を超えた米国の動画配信大手「ネットフリックス」の創業者リード・ヘイスティングスはこう発言したという。

「死ぬほど見たい映画やドラマがあったらどうしますか？　夜更かしするしかないでしょう。

つまり競争相手は睡眠。ここでもわれわれは勝ちつつあります！」（ジーナ・キーティング著、牧野《まきの》洋《よう》訳『ＮＥＴＦＬＩＸ　コンテンツ帝国の野望』新潮社）

睡眠が持つアメとムチ

『命を縮める「睡眠負債」を解消する――科学的に正しい最速の方法』（祥伝社）などの著書がある睡眠評価研究機構代表の白川修一郎《しらかわしゅういちろう》は、睡眠研究の第一人者だ。白川は睡眠不足が続いた場合の悪影響について、生活習慣病の原因になるだけでなく、「新しいことを学んだり、ちょっと面倒なことについて考えたり、自分の感情をコントロールしたり、といったことができにくくなる」と話してくれた（２００８年に筆者がインタビュー）。

日々、寝不足で意識はもうろう、集中力を欠き、臨機応変の対応もできないなら、時間を楽しむのもおぼつかない。

「まずは夜間だらだらと起きていないで、さっさと寝ることです。そして、自分の睡眠を知るために、何時間寝ているのかを記録する睡眠日誌を付けましょう」と白川。まずは、睡眠についての十分な理解のために、睡眠時間を時計簿《じけいぼ》に記録してはどうだろう。

睡眠は、実に独特な時間だ。お金を稼ぐ仕事でもなく、お金を使わなければ成り立たない消費活動でもない。経済社会の中ではどちらかといえば役立たず、あるいは扱いづらい時間だ。できたらお金稼ぎや遊びのために振り替え、24時間めいっぱい積極的に活動したいところだろう。当然、健康問題や突然死の危険が湧き起こることになるが。

睡眠は、お金要らずの真水《まみず》時間そのものだ。 生活時間方程式では、生理的に必要な1次活動時間に含まれる。毎日の7〜8時間ほどの睡眠時間は、個人が勝手に減らすわけにはいかない。うかつに減らせば、健康を損《そこ》なうというペナルティーが待ち受ける。

まるで、健康に生きるための税金のような時間だ。きちんときちんと〝納税〟するように日々、睡眠時間を確保すれば、睡眠に関する健康上の罰を受けずに済む。

さらに際立った特徴は、「睡眠中は意識がない」ところだ。だから睡眠は、積極的な自由意思でどうこうできない。でも不思議なことに、こんな税のような睡眠時間でもわたしたちは楽しむ、つまり「心が満ち足りて安らぐ」(広辞苑)ことができる。

朝方から夕方まで働いて心身ともに疲れ果て、いざ就寝とばかりに布団に潜《もぐ》りこんだときの喜び、楽しさ、快《こころよ》さといったら他と比べようがないくらいだ。ぐっすり熟睡できて朝、目覚めたときの爽快感《そうかいかん》、充実感も格別だ。生き返るようだ。

人生の中に睡眠時間が必須の条件として組みこまれ、人は24時間戦いたくても戦えない。徹夜で無理しても、何日も戦い続けることは叶《かな》わない。しかも**睡眠は巧妙にも、寝る楽しさ**

というアメの側面と、健康リスクというムチの側面を兼ね備えている。おかげでわたしたちは、経済社会の圧力や誘惑に負けて生命や健康を売り渡すような事態を、なんとか回避できる。

Ｓｏｌｄｉｅｒたちの敗戦

所得増と国の経済成長を支えた長時間労働は、働き手自身の生存、生命を危険にさらしてきた。同時に、しわ寄せが家族に及んだ。家事の時間を一身に担った専業主婦が犠牲になった。楽しくない時間は、他者に社会に連鎖する。

専業主婦の家事には通常、多くの時間が使われ、成果を挙げてきた。それなのに、対価としてお金が支払われることはほとんどなかった。だからお金本位の経済社会では、なかなか評価されることのない「無償労働」と呼ばれる。いくら家事が長時間になっても、おいしい料理を提供し、部屋をきれいに掃除しても、お金で何でも評価する社会では、そもそも評価の対象にならない。**お金と関わらない人生の時間は、存在価値を認められる機会が少ないといえる。**

「男は仕事、女は家事・育児・介護という強固な性別役割分業の下で、日本は高度経済成長に成功してしまった」と振り返るのは、ＮＰＯ法人「高齢社会をよくする女性の会」理事長で評論家の樋口恵子《ひぐちけいこ》だ（２０１４年に筆者がインタビュー）。
「経済成長の成功物語に縛られ、男女で一緒に協力、分担するなどの変化が起こらないまま、社会の高齢化のなかで妻がもっぱら介護漬けにさせられ、心も体もぼろぼろになりました。それでも女性たちは黙って家族を支えた」

多くの女性が価値のある自分らしい生き方を許されず、時間を楽しむこともなかなかできなかった。もし、家族で家事時間を分担しシェアしていたら、女性たちはもっと人生という時間を楽しむ余裕を持てたのではないか。

ある日、樋口は英国人から、日本の経済成長の異常さに対して鋭く指摘されたという。
「イギリスでＣｉｔｉｚｅｎ（市民）と言われるには、地域と職場と家庭の３つの義務を尽くさなければならない。日本では会社員が職場にだけ義務を尽くす。そういう人を我が国ではＳｏｌｄｉｅｒ（兵士）と呼ぶ。両者が戦ったら、短期戦ではＳｏｌｄｉｅｒが勝つのは当たり前。でも、長期戦で見たら、Ｃｉｔｉｚｅｎが勝つから！」

男性たちは仕事の時間として職場に義務と忠誠を尽くしたが、家庭への家事時間の投入は女性たちの５分の１ほど。地域への貢献を果たすための時間は雀《すずめ》の涙ほど、皆無《かいむ》かもしれない。

こうした事情も影響して、少子化が進み、大都市以外では人口減が進み、コミュニティーの存続が危ぶまれている。社会の持続性や発展という点で大きな危機を迎えている。それは、Ｓｏｌｄｉｅｒたちによる戦いの、敗戦という結果だ。

家事労働時間の大きさ

どうにかして、見えにくい無償の家事労働を見える化したい。それには、総務省の社会生活基本調査や内閣府の無償労働の貨幣評価などが役に立つ。

まず、家事に使われた時間を計算する。１人当たりの年間の家事活動は、バブル経済崩壊直後の２００１年が女性１３６２時間、男性は２００時間で、７倍近い開きがあった。特に専業主婦は２２５０時間に。近年、男性の家事時間がわずかに上昇傾向にあるが、２０１６年も女性１３１３時間、男性２７５時間、専業主婦２１００時間だった。依然として男女で大きな負担差がある。

次に、これらの時間をお金に置き換えるとどうなるか。貨幣評価するには主に３つの方法があり、そのうち本人が店などで働いた場合に置き換える「機会費用法」で計算してみる。２０１６年の日本全体の家事労働時間を元に時給換算した結果、女性が推計で約１１１兆２０００億円！　男性が約27兆３０００億円だった。

ちなみに2016年度、日本で生産された価値の総額である名目の国内総生産(GDP)が約537兆円だから、女性の家事労働の時間がいかに大きな生産力を有しているかがわかる。

もちろん、家事を労働と見なし、金銭換算して評価することへの批判もある。家族への思いやりや愛情の発露としての家事を、商品のようにお金で評価すべきでないという意見だ。「この料理は○○円」「その掃除は△△円」などとそろばんをはじかれたのでは、家族に貢献したいという真心を値踏みされるようで、確かに愉快ではない。

そもそも労働は「人間が自然に働きかけて生活手段や生産手段をつくり出す活動」(広辞苑)で、商品やサービスなどをつくり出すのが目的だ。家事に当てはめれば、料理や掃除や育児や介護という目的の達成をもっぱら目指す活動だ。しかしそれでは、家事の過程で生み出される楽しさ、充実感というプラスの価値がまったく評価されないことになる。「時間の過程」という大事な価値の源泉が、見捨てられてしまう。

時間とお金をめぐる悲喜劇

賃金が右肩上がりで増え続ける間、男たちの長時間労働とともに、専業主婦の長時間家事労働は維持された。そうした経済社会のあり方に対する疑問の声が大きな広がりを見せたのは、日本経済が下り坂の陰りを見せ始めた2000年ごろだった。

それまでの経済社会に猛省を求めるような痛快な一冊『「捨てる！」技術』（宝島社新書）が刊行された。たちまち多くの読者の心と読書時間をつかみ、ミリオンセラーに。著者の辰《たつ》巳渚《みなぎさ》が、時間とお金をめぐる軋轢《あつれき》、悲喜劇を語ってくれた（２０００年に筆者がインタビュー）。

高度経済成長期、わが家にあふれかえったさまざまな物を思い切って捨てることで、大量生産・大量消費（購入）時代のライフスタイルを変えよう、というのが同書のメッセージだった。

なぜわが家は、物でいっぱいになったのか。人は家を物でいっぱいにしたのか。そのからくりについて、「戦後、日本人は懸命に生産、消費して経済成長するうちに、モノで幸せになろうとしたのではないか」（共同通信２０００年10月30日）と説き起こした。

具体的なイメージとして、専業主婦世帯の描写は、思わず膝を打つような内容だった。再現ドラマ風に説き起こすと――。

夫は長時間労働で帰宅は深夜。専業主婦の妻は酔った夫に「家のこと、こどもの教育のことにまったく無関心じゃないの」となじる。「おれは働いて稼いでいるんだ、うるさい！」と逆ギレする夫だが、朝になっても機嫌が直らない妻をなだめようと、ちょっと高額の服を買ってあげる。お金に頼って、トラブル解消を図る目論見《もくろみ》だ。

しかしこの費用、お金を工面するために夫はさらに時間を使って残業などに精を出さなければいけない。さらに帰宅が遅くなった夫に対し、妻の不満はいよいよ沸点に達する！

「妻が欲しかったのは物やお金じゃなく、夫との楽しい時間だったんです」という落ち。笑える喜劇ではあるけれど、猛烈に働く現代人には身につまされる悲劇でもある。

「会社一辺倒の男性は、日々の暮らしをばかにしがち」と辰巳は分析した。大切なのは「幸福な生活」の中身の時間だという。夫は、お金を通じて商品で妻の歓心と家族の幸福を買えると考えたのかもしれないが。

「時間がなければ、お金は使えない」

あらためて確認しておきたいのは、「時間がなければ、お金は使えない」ということだ。一方、お金がゼロ、皆無でも時間は使えるのだが。これを仮に「時間がなければあらゆることが無価値」法則と呼ぶことにする。もちろん、お金も無価値になる。

たとえば、銀行口座に大金があるとして、使える時間が0秒なら、近所の店で買い物をすることも、指一本で瞬時に購入するインターネットショッピングさえ不可能だ。「墓場にお金は持っていけない」のと同様、持ち時間がゼロなら、お金は無価値だ。

これは消費に限らない。仕事をするにも、インターネットで株式を売買するにも、活動時間がなければお金は得られない。

この法則は、時間がゼロではないけれど極端に少ない場合にも流用できそうだ。たとえば、お金を使える持ち時間がたった1日だったらどうか。連日長時間労働をして、わずかな時間でパーッと使うお金は、果たして働いた時間に見合う満足感を実現してくれるのか。

あまり時間がないから日帰りの家族旅行にしたけれど、せめてもう1日あったら泊まりがけで家族がのんびり楽しめたはず、といったケースだ。そのお金にふさわしい満足度を達成できたはず、という残念さが生じたとしたら、お金の価値を十分に生かし切れなかった何よりの証拠ではないか。それはお金の無駄づかい、稼ぐために投じた時間の無駄づかいだ。

消えてなくなる時間

ここで、15歳以上の日本人男女の平均活動時間について２０１６年の社会生活基本調査を見ると、睡眠と食事、入浴やトイレなど「身の回りの用事」を合わせた1次活動が約10・6時間、仕事と家事、介護・育児などを含めた2次活動が約7・0時間。自由に使える時間はわずか6・4時間ほどしかない。

この貴重な時間さえ、いつの間にか、はっきりと認識されないうちに〝消えてなくなる〟というのが生活実感ではないか。たとえば、なんとなくスマートフォンをいじるとか、テレビを見るとか……。

少なからずの時間が、それも何の活動をしたのか無自覚なうちに使われてしまい、消えてなくなる。もしこれがお金のことだったら、財布に穴が開いているか、盗まれているか、いずれにしても大問題の大騒ぎだ。一方、時間が消えてなくなることがあっても、あまり痛みや悲しみを覚えず平然としていられる。それはなぜか。


お金は、働くなり頭を使うなり苦労して手にできる。一方、1日24時間は、生きていれば手間も苦労も要《い》らず、一人一人に平等に無料で〝もらえる〟。まるで無料の配給だ。失っても毎日毎日繰り返し、ただでもらえる。それなら、「無駄づかいはもったいない」と気にすることもあるまい。そんな心境になりがちだ。とどのつまり、時間を大切に使おう、努めて楽しい時間にしようという気持ちも失せるのではないか。

気になるのが、いわゆる援助依存症だ。世界各地の紛争地、被災地などで国際機関などから物資の援助を受け続ける結果、住民はもらうことに慣れ、援助のありがたさを忘れ、自ら暮らしを立てる努力をしなくなってしまう、ともされる。

これが援助依存症として、国際問題になった。自らを顧《かえり》みて、わたしたちはただでもらえる、援助される時間を「ありがたい」と大切にして生きているだろうか。やはり心許《こころもと》ない。

すっかり時間の援助依存症になり、時間のありがたさを忘れてしまっても、時間の大切さに再び気づくことはできる。きっかけの一つになったのが「プレミアムフライデー」だ。

プレ金族の「豊かな時間」

２０１７年2月24日金曜日の夕方、東京都内のレストランではスーツ姿の男女会社員たちがビールのグラスを片手に、鬨《とき》の声ならぬ「乾杯！」の歓声を挙げた。月末の金曜日に仕事を早めに切り上げ、オフの時間を楽しもうという官民挙げての一大キャンペーン「プレミアムフライデー」、通称「プレ金」の船出の光景だ。

プレ金は、働き方改革を促進し、早帰りによる自由時間を飲食や買い物、旅行などに誘導する取り組みだ。併《あわ》せて、個人消費の拡大を図ろうというもの。キャンペーン初日に合わせ、ビジネスチャンスの到来を期待するニュースが相次いだ。

東京都内のある居酒屋が「通常より2時間早い午後3時に開店し、ハイボールなどを割安に提供。約1時間後には１７６席がほぼ満席に」（朝日新聞２０１７年2月25日）と報じる記事や、ある旅行会社が「金曜日から割安で箱根や熱海、別府などに宿泊できるプラン」を売り出したところ、「１００人分がすぐに売り切れ、担当者は『上々の滑り出しで、新しいプランも考えたい』と手応えを語る」（読売新聞２０１７年2月23日）とする記事が各紙面に並んだ。

いざ、始まってみると……。旅行サービス大手のエアトリが２０１９年3月、10代から70代までの男女７８１名を対象にインターネットで実施したアンケートによると、プレ金後の出費の変化について「変わらない」と答えた人は61・８％になり、「増えた」は30・９％にとどまった。

「プレミアムフライデー開始一年の振り返りと今後の展望」と題するみずほ総合研究所のレポート（２０１８年3月5日）も、プレ金当日で個人消費がどれだけ伸びたかを試算し、「プレ金による個人消費押し上げ効果は当初期待ほどではなかった」とがっかり感をにじませた。個人消費というお金の視点では、成功とはほど遠かったようだ。


でも、働き方改革につなげるプレ金は、数年前まで〝24時間戦ってきた〟ような少なからずの働き手にとっては、まさに時の女神からのありがたい贈り物だった。うれしい自由時間になった。

プレミアムフライデー推進協議会事務局が全国の20〜50代約２０００人を対象にした実態調査では、第1回（２０１７年2月24日）の当日、実際に早帰りした人は17・０％だった。興味深いのは、早帰りした人の具体的な時間の使い方だ。「家でゆっくり過ごした」と回答したのが45・８％だった。家族とのおしゃべりなど、お金をなるべく使わないようにして時間を楽しむプレ金族のわが家派傾向がはっきりした。

この実態調査の最もおもしろいところといえるのが、質問の仕方だ。「何をしましたか？」などと結果や成果を聞いてもいいのに、「豊かな時間を過ごすことができましたか？」と、あえて時間の過程について尋《たず》ねた。

ふたを開けてみると、早帰りした人のうち「過ごすことができた」「少しはできた」と答えた人は計87・６％に達した。

「豊か」という評価基準を盛りこんだ点も独特だ。豊かは「物が豊富で、心の満ち足りているさま」（広辞苑）で、量や数が多い状況を言い表す。であれば、豊かな時間を過ごすことができる人は、きっと心という器《うつわ》を楽しい、心に良い時間でいっぱいにできる能力があるに違いない。楽しい時間を生み出す達人だ。

時間の意識を活性化させた意義も大きい。早帰り組のうちほぼ半数の「家でゆっくり過ごした」わが家派たちが、過ごした自由時間と関連する時間を振り返り、アンケートに答えた。それは、「時間の決算」と呼べる活動にほかならない。

楽しい時間だったか、と過去を振り返り、アンケートに答えた時間そのことが、ちょっと笑みがこぼれる楽しいひとときになったのではないか。楽しい時間の種は、暮らしのあちらこちらにあるらしい。

時間の価値高騰中

２０２０年、新型コロナウイルス感染症は世界中に蔓延《まんえん》し、各地で感染者数が急増した。感染の広がりを抑制するため、外出の自粛《じしゅく》、長期にわたる自宅での自主隔離が広がった。同時に仕事の携《たずさ》わり方にも大きな変化が。インターネットを使って自宅で仕事をする在宅勤務、テレワークが本格化した。

２０２０年4月に東京都が実施した調査によると、都内にある従業員30人以上の企業のうち62・7％がテレワークを導入した。この結果、従業員にとって「会社に通勤するために使う時間」が、そのまま自由時間になる。内閣府による「新型コロナウイルス感染症の影響下における生活意識・行動の変化に関する調査」によると、東京圏に住んでいる人の50・4％が「通勤時間が減った」と回答した。さらに、今後も減ったままの未来を希望する人が71・7％に達した。

テレワークのおかげで、毎日通勤に充《あ》てなければいけない時間を自由に使えることになる。これはプレ金でもたらされる月末金曜日の2時間程度の自由時間と比べ、時の女神によるとてつもなく大きな贈り物だ。得られた自由とその時間を手放したくないのは当たり前。時間意識が目覚めるのも道理だ。

この調査は全国規模で実施されており、コロナ禍による日本人の時間意識の変化が見て取れる。たとえば、新型コロナウイルス感染症の影響で「家族の重要性をより意識するようになった」と回答した人はほぼ半数の49・9％になった。テレワーク経験者に限ると、「生活を重視するように変化」したと答えた人が64・2％。家族との団欒《だんらん》をはじめ、お金稼ぎでない時間を大事にする意識に変わったようだ。

忙しさの中で、時間を楽しむ方法が新聞各紙で紹介されている。たとえば、「仕事を減らし母介護　過去振り返り豊かな時間」（読売新聞2017年8月13日）、「郷土芸能は時間も空間も世代も超え、人を結びつける。」（朝日新聞2019年3月1日）などなど。「ボーッとする余裕あればこそ」（朝日新聞2019年4月23日）といった〝時間投書〟も少なくない。

「24時間戦えますか」という時代が過ぎ去り、増えた自由な時間を楽しもうという機運が盛り上がった。人々の時間への関心、社会的な価値が高まった。そんな風潮を背景に、セイコーホールディングスが2019年4月、「生活者の時間についての意識や実態を探る調査」をインターネットで実施し、「セイコー時間白書2019」として発表した。

この調査は、時間の大切さをお金で実感してみる、という仕組みになっている。この特徴を最もよく表すのが、自分の1時間の価値はいくらになるか、という質問だ。回答者それぞれに値付けをしてもらった結果、仕事や家事、勉強をする1時間（オンタイム）は平均で４４２７円だった。

これ以外のプライベートな1時間（オフタイム）は果たしていくらか？　なんとオンタイムの2倍超にあたる平均９６３２円だった。この前年の調査の７２２６円と比べ２４０６円のアップ、率にして約33％の高騰ぶりだ。

同白書は「『仕事』より『プライベート』を重視していきたい人生観が強く現れる結果となりました」と分析した。**お金になる（お金にする）時間に比べ、お金にならない時間が2倍超の価値を持つと評価された。**老若男女の時間意識は確実に変化しつつあるようだ。

「世界一の朝食」

「時は金なり」という格言がある。故事俗信ことわざ大辞典によれば「時間は大切なものであり、金銭と同等の価値がある。だから、時間をむだに費やしてはならない」という内容だが、「生活者の時間についての意識や実態を探る調査」はこれを地で行っている。

「時間は有限である、だからこそ大切にしたい」という趣旨の下、「人生の残り時間を見つめ直すことで時間の有限性に気づき、時間の大切さを改めて考える機会として」調査をしたのだという。

米国の新聞などで「世界一の朝食」を提供するレストランとして紹介されたオーストラリア・シドニーのレストラン「ｂｉｌｌｓ（ビルズ）」が２００８年、神奈川県鎌倉市に日本第1号店をオープンした。ｂｉｌｌｓの看板メニューはスクランブルエッグ、そしてパンケーキだ。

この店が「世界一」と称されるのは、「朝の時間を十分に楽しめる」からだ。シェフ兼オーナーのビル・グレンジャーは「都会の人は朝、忙しく、とても疲れているように見えます。わたしたちが提供するのは**朝の新しいライフスタイルであり、朝ゆっくりと過ごす時間です**」と話してくれた（２００７年に筆者がインタビュー）。

店内では雑誌や新聞をじっくり読んだり、友だちとおしゃべりしたりして、思い思いの時間を楽しむ。もちろん、おいしい料理を堪能《たんのう》しながら。空腹を満たすために効率的に、時間をかけずに食事を済ませるのではもったいないという。

「通りを眺めながら、ゆったり朝食を取ってリラックス、リフレッシュしてもらいたいのです」。忙しい現代人が、朝の快い時間を買うとき、時間とお金の価値は同等、イコールどころか「時間＞お金」になっているのかもしれない。

「猫に小判」ということわざがある。「どんな貴重なものでも、その価値がわからない者に与えては、何の役にも立たないことのたとえ」（日本国語大辞典）などと説明される。でも、これは「お金＞時間」の時代の考えだ。寝ている姿からこの呼び名が付いたという説があるくらい、気ままな猫は時間を楽しんでいるように見える。お金稼ぎで何かと忙しい人間にとって実にうらやましい。

猫にとってはお金なんてどうでもいい。「時間＞お金」時代の「猫に小判」は、「時間の価値をわかる者にお金を与えようとしても、何の役にも立たないことのたとえ」と、猫を称賛する説明になるのではないか。

「アリギリス」の誕生⁉

時間が本当に大切なことはわかっていても、同時に、便利な生活を約束してくれるお金も大事であることに変わりがない。お金と時間の組み合わせ、バランスを具体的にどうしたらいいか、考えどころだ。

睡眠や食事といった1次活動の約8時間は不可侵だから、お金と時間の組み合わせとは、残り16時間の枠内での2次活動時間と3次活動時間の配分ということになる。経済社会に浸り切って育った現代人なら、できるだけ働く時間を多くしてお金を貯め、将来不安を解消したい、と考えがちだ。夏の間に働き通して冬に備えたアリを褒《ほ》める寓話《ぐうわ》「アリとキリギリス」の教訓は、経済社会の中で道徳的な規範であり続けてきた。

対して、アリのようにひたすら働いてお金を稼ぐことはやめて、キリギリスのように時間を楽しもうと勧める本が『ドイツ人はなぜ、年２９０万円でも生活が「豊か」なのか』（熊《くま》谷徹《がいとおる》著、青春新書インテリジェンス）だ。「『ドイツの新しい通貨は自由時間だ』という見方が強まっている。お金よりもプライベートな時間の方が重要だと考える人が増えている」のだという。同書で紹介される欧州一の先進国の事情は、「セイコー時間白書２０１９」で浮かび上がった昨今の日本人の時間意識と重なって見える。

もっとも、この本をよく読むと、ドイツ人は消費に重きを置かず、暮らしを簡素化して「不要な出費やチップを節約する」のを信条にしているのだとか。これは、学校の道徳の授業で習ったあのキリギリスの姿ではない。むしろアリに近いのではないか。

ドイツ人は「自分でできることは他人の手を借りずに、自分でやる」という人生哲学の下、森の散歩や自宅で読書といった「お金を使わない娯楽」を好む。過剰な便利さ、サービスを嫌う。過剰な消費をしないのだから、長時間働き通す必要もない。適度に働いて稼いだお金をなるべく節約し、時間の過程を楽しもうとする。

「できるだけお金を使わない」のと「時間をめいっぱい楽しむ」を両立できたら、それはアリとキリギリスのいいところ取りだ。いわば「アリギリス」。もしかしたら、寓話には外伝があり、実は飢え死にする前のキリギリスとアリが本音で対話の時間を設け、互いの生活のノウハウや思い、失敗の経験などを交換して、ついにアリギリスの時間の知恵を創造していたのかもしれない。

時間を楽しむ生活から疎外されていた時代を経て、時間の価値が上がり、時間を楽しむ時代の環境、道具立てが整いつつあるようだ。でも、経済社会である以上、お金の力が依然として強い。時間に何ができるのか、何が得意なのかなど、ほとんど明らかになっていないのではないか。わたしたちはお金の力を知っているし、実感もしている。けれども、時間の力をよくわかっていない。時間だけで、あるいは時間を主役にして果たして何ができるのか。

そこで、生活の中のさまざまな時間のうち、お金を稼いだり、お金を使うことを必要としない時間について調べてみたい。お金とほぼ関係のない時間を、混じりけがない真水のような「真水時間」と呼び、その特徴や性質、能力を明らかにしたい。そして、時間を楽しむ機会をできるだけ増やしたい。

第2章　「真水時間」という人生の大きな資源

お金が関係する時間、しない時間

経済社会の生活時間は、大きく2つに分けることができる。

1つ目は、お金が関係する時間だ。これには、仕事などで価値を生み出しお金を得るための時間と、お金を使う時間が含まれる。これらが過労死や寝不足、過重な家事労働などの温床になっているのは、第1章で見た通りだ。

2つ目は、お金が関係しない時間だ。これには、作業などをして価値を生み出すけれど無報酬の真水《まみず》時間と、お金を必要としないし価値を生み出すのを目的にしない真水時間が含まれる。前者はボランティア活動や家事、後者は散歩などが当てはまりそうだ。

ちなみに、「お金を必要としない」については、やや説明が必要だ。もし、井戸端会議でちょっとお茶を飲んだらどうか。お茶のお金が要《い》るから、真水時間でなくなるのかというと、そうではない。なぜなら、おしゃべりはもともと、お金で買うお茶がなくても成り立つし、実現するからだ。

お茶を飲む時間は脇役として、主役のおしゃべりだけの真水時間をもり立て、彩りを添えることができるだけだ。だから、本来お金がなくても成り立つおしゃべりのような時間を、たとえお茶を飲むとしても「真水時間」と呼ぶことにする。あくまでも時間にお金が従うからだ。お金に時間が従う場合ならお金時間だ。高額のお茶が必要不可欠になる場合などは、お金時間になるかもしれない。

わたしたちは、お金さえあれば楽しい時間を手軽に実現できる経済社会に生きている。便利で魅力的な商品・サービスが経済社会に広がり、人々を引きつけてやまない。ただし、楽しい時間を買うには、それに見合った十分なお金が必要だ。

不幸なことに、所得や資産が多いか少ないかで人々が富裕層と貧困層に二極化し、固定化した格差が深刻になっている。買える楽しい時間、もしかしたら「幸福な人生」から多くの人が排除されている。**お金が関係する時間だけを求めては、不幸の広がりを食い止められそうにない。**

お金を使わずにどんな楽しいことができるのか、幸福になれるか、さらによりよい社会にできるのか、知恵を絞らなければいけない。特に経済の低迷で賃金の上昇が期待できなかったり、政府が借金漬けで緊縮財政を強めたりしたら、お金頼りの生き方は行き詰まる。真水時間のパワーや可能性を知り、十二分に活用しないといけない。

「冬の深夜、大きなリュックを背負い、ボストンバッグを抱えてインターネットカフェに帰る。（中略）狭い個室でつかの間の睡眠をとる。早朝、また荷物を抱えて外へ。最寄り駅のコインロッカーを同じような境遇の人たちと奪い合い、荷物を預け仕事へ向かう。その繰り返し。節約のため、時々外で夜を明かした。『金がなくなると死ぬ。このお金で1ヵ月どう乗り切るか。そればかり考えていた』」（毎日新聞2019年8月20日）。東京都内に住むある40代男性の暮らしぶりだ。「ネットカフェ難民」だったというその人は、「将来の展望は全く見えなかった」と過去を振り返った。

総務省統計局の2018年労働力調査によると、役員を除く雇用者5596万人のうち非正規の職員・従業員は、約37・9%に当たる2120万人だ。特に15歳から24歳までの、役員を除く雇用者のうち非正規の割合が半数を超えた。若者たちは正社員になりたくてもなかなかなれず、2人に1人は非正規雇用という時代になりつつある。

非正規雇用の収入は、正規雇用に比べ総じて低い。非正規雇用者のうち年間収入が200万円未満が73・2%に達した。国税庁の民間給与実態統計調査によると、2017年の平均給与は432万円で、非正規雇用者だけ見ると175万円。正規雇用者の494万円と比べ3分の1ほどの額だった。間違いなく、格差が広がっている。

ちなみに、非正規雇用で働いている理由を尋《たず》ねた結果がまとめられている。「自分の都合のよい時間に働きたいから」とした人が男女合わせて29・9%だった。これに「家事・育児・介護等と両立しやすいから」（12・7%）と、「通勤時間が短いから」（4・5%）を合わせると、お金よりも時間の都合で非正規雇用という働き方をしている人が47％を超えた。

「凪のお暇」の工夫と知恵

経済社会のただ中で、真水時間を賢く使おうと奮闘する女性が主人公のマンガと、これを原作にしたテレビドラマが２０１９年に人気を集め、インターネット上で若い人たちの反響を呼んだ。物語の題名は「凪《なぎ》のお暇《いとま》」。

コナリミサト著の原作マンガの累計発行部数は２５０万部を超え、連続テレビドラマは「地味な内容」との前評判を裏切り、高視聴率を記録した。

主人公の凪は東京都心の大手企業に勤めるＯＬだが、職場の人間関係に疲れ、会社を辞め無職になる。わずかな貯金を頼りに東京郊外のアパートに引っ越し、テレビもパソコンもエアコンもないつましい生活を始める。

「貯蓄は心細くとも」と不安を抱えながら、「時間だけはたっぷりある」と節約ライフを生き生きと邁進《まいしん》。アパートの住人たちとの語らい、助け合いを重ねながら、お金本位でない暮らしの過程ならではの価値を見出す。むしろそうした生活時間の経過をじっくりと楽しんでしまう。自分らしい時間と生き方を取り戻していくストーリーだ。

日本国語大辞典によると「凪」は「風がやんで、波がなくなり、海面が静かになること」、

「暇」は「仕事と仕事の間の、何もしないとき」の意味。平穏な、お金稼ぎでない時間の物語にぴったりの題名だ。

「凪のお暇」は、斬新なグルメ本でもある。紹介されるメニューがおいしそうだ。たとえば、ただで分けてもらったパンの耳にチョコとアーモンドとクルミをまぶしたチョコポッキー。安い紅茶のティーバッグと沸騰させないように温めた牛乳で作るミルクティー。ツナ缶詰とマヨネーズとスライスチーズと食パンを使って野外で食する「材料費ワンコイン以下の節約BBQ（バーベキュー）」……。

魅力的な〝凪時間グルメ〟が次々と登場する。**工夫という知恵とおもてなしの気持ち、それに、ちょっとした手間と時間を惜しまなければ、お金で買えないような幸福食が生まれる**ことを教えてくれる。

今どき生活のインフラとなっているコンビニエンスストアなら、手間や時間をかけずに、お金で買える便利さがある。でも、お金を使おうとしないなら、せめて知恵や人間関係を生かせば真水時間で豊かな、楽しい暮らしを実現できそうだ。

真水時間の過程で、知恵や人の縁が育まれるという効果もある。経済社会では「お金がないと何もできない」と悲観的になりがちだ。でも、真水時間だけでも人生のひととき、ひとときを十分に楽しむことができる。

ダウンシフターの出現

経済社会で苦境にありながら、自分の人生時間を取り戻し、真水時間を楽しむ――そんな凪のようなライフスタイルの人たちが、各地で登場している。生活の中で物をためこまない、最小限しか持たない人は「ミニマリスト」と呼ばれる。東京都の30代の女性会社員がミニマリストになったいきさつを、新聞記事が紹介した。

「きっかけは東日本大震災だった。当時は服や靴などあふれるモノに囲まれた生活。家々が津波で流される映像を見て価値観が揺さぶられた。（中略）捨てては買うを繰り返し、２０１５年2月、『最後の断捨離』との思いでブログでミニマリストを宣言」。徹底的に物を捨てた末に「人間関係こそが幸せなんだと気付けた」（朝日新聞２０１７年1月6日）という。

記事は、労働時間と収入を減らしながら時間を、特に真水時間を大切にする「ダウンシフター」も取り上げた。『しないことリスト』（大和書房）の著者、Ｐｈａ《ファ》もその一人だ。

大学卒業後、会社勤めを3年でやめた。「現在はシェアハウスに住み、週1日、パソコンと向き合うバイトだけ。（中略）『特に欲しいものはない。今が割と充実している。これができるだけ長く続けばいい』」（同）

他のダウンシフターも登場させながら、「共通するのが自分と向き合う時間を持っている点だ」と記事は分析する（同）。本来はお金がなくてもいい真水時間を、そのまま楽しむための知恵の開拓、もしかしたら大転換が、頼もしくも巷《ちまた》で始まっている。

お金と同等か、それ以上に時間を大切にし、より価値があると見なす若者は、ミニマリストやダウンシフターといった一部のとがったオピニオンリーダーにとどまらない。

１９８０年代から90年代半ばに生まれた「ミレニアル世代」に関する新聞記事（読売新聞２０１６年12月26日）が、「『モノ』より体験重視」「デフレ育ち　節約志向」という見出しで、「若者のお金の使い方が大きく変わっている。（中略）『身の丈未満』の買い物を志向する」と指摘した。そして、「若者は『モノ』を買うよりも体験などの『コト』を大切にしている」とも。コトの意味が「時間的事態一般を広く指す語」（日本国語大辞典）で、時間の一種であるのは偶然ではない。

若者の消費活動の低下は明らかだ。人々が所得のうちどれだけの割合を消費に向けたかを示す平均消費性向で見ると、１９８４年以降、20代と30代前半は全体に比べ低下の幅が大きかった（総務省「全国消費実態調査」）。

たとえば25歳未満で見ると、84年に88・７％だった平均消費性向が、30年間で76・８％にまで落ちこんでいる。25〜29歳と30代前半も同様の急落ぶりだ。若者は消費に強いブレーキをかけている。

ちなみに、65〜69歳は変わらずで、60〜64歳は逆に上昇した。一度身についた「モノを積極的に買う」消費スタイルは、高齢になってもなかなか変わらないといえそうだ。

興味深いのは、**消費性向が低い若者の時間志向の強さ**だ。消費者庁の２０１６年度「消費生活に関する意識調査」によると、「豊かな暮らしに最も重要だと思うこと・ものは？」との質問に関し、15歳から40代までの首位は「お金」で変わりはないが、特に15〜29歳の約12％が「時間」と答え、40〜50代の７％前後、60歳以上の２％台を大きく上回った。若い世代ほど、暮らしを豊かにする時間への期待感が大きい。

シニア世代の散歩ブーム

真水時間の可能性は若者だけでなく、シニア世代によっても切り開かれつつある。町、村を歩き、住人とのおしゃべりを楽しむ散歩がブームだ。シニア世代が中心的な視聴者でもある昼間のテレビ放送は、散歩番組でいっぱいだ。

東京の下町を舞台にした番組では、俳優が進行役だ。電車の駅を降り立ち、町の印象をあれこれ語りながら商店街を歩いていく。和菓子屋があれば冷やかしでのれんをくぐり、店主と和菓子談義に花を咲かせる。ほど近い神社を訪ねれば、神主が町の成り立ちや神社の歴史などを説き起こしてくれる。散歩しつつ町の魅力を掘り起こし、気に入った風景を絵や写真にしておしまい、といった具合だ。

特別な観光地でもない、ごくありふれたご近所感いっぱいの町が、なんだか素敵な場所に見えるから不思議だ。散歩者に出費をほとんど強《し》いないのも、本来お金を必要としない真水時間の愛好者にはありがたい。

こうした番組に感化されてか、いずこの町もシニア世代の散歩者が増えている。高齢者が愛読する新聞各紙も連日、町歩きの記事を大きく紙面展開している。雑誌や本も「散歩の達人」(交通新聞社)、『東京から行く！半日さんぽ』(ぴあ)、『日帰り鉄道さんぽ』(天夢人)などより取り見取り。気の置けない町の散歩の真水時間を、決して豪華でも贅沢《ぜいたく》でもないけれどしみじみと楽しむ。幸福感で紹介し、愛好者層を広げている。

月刊誌「散歩の達人」は2016年4月に創刊20年を迎えた。編集長の武田《たけだ》憲人《けんじん》が記事の中で「大人のための首都圏散策マガジン」としての編集方針を語った。「ファッショナブルだったり、新しさだったりが一番の特徴の街は、我々は苦手。人間くさい古さが残る街(中略)普通のものというか、ちょっとした面白いものはたくさんあり、そういうのを面白がろうという感覚でした」(朝日新聞2016年4月17日)。

レジャーとリゾート

日本ではやりの散歩と相通じる取り組みに、英国発祥の「フットパス」がある。もともと、日常生活で使う地域の小道のこと。思い思いの速さで歩きながら、自然や地元の人との触れ合いを楽しむ。地域の文化や歴史を掘り起こす効果も期待されている。「どこか1ヵ所にこだわる旅のおもしろさを知ってほしい」というのが英国観光関係者の触れこみだ。

旅関連の用語に「レジャー（ｌｅｉｓｕｒｅ）」と「リゾート（ｒｅｓｏｒｔ）」がある。この2つの言葉、似ているようで、意味や使われ方がだいぶ違う。レジャーは「仕事や勉強などから解放された自由な時間。余暇」（日本国語大辞典）のことだ。

高度経済成長期、人々はたまの休みだからと大金を投じ、限られた時間を惜しむように数ヵ所の観光地をはしごした。さまざまな娯楽、グルメ、ショッピングを楽しんだ。そうしたスタイルが「レジャー」として人気を得た。あれもこれも予定を詰めこんで、なにかと慌《あわ》ただしい時間だ。

リゾートは「保養・行楽・避暑などのために人々がよく行く場所」（同）。自然が豊かなどこか1ヵ所に連泊し、体を休めながらフットパスのように森林をゆっくり時間をかけて散策する。読書をしたり、家族とおしゃべりしたりして保養し、健康を養う。のんびりと過ごす時間であることが最優先だ。あちこち動き回るための時間や交通費は少なくて済む。散歩や読書やおしゃべりは、ほとんどお金要らずだ。

国立・国定公園内などに宿泊できる「休暇村」は「リゾート」の魅力を前面に出し、長期滞在の宿泊客数を伸ばした。北海道・支笏《しこつ》湖近くの休暇村を利用した70代の東則人、輝子夫妻は「1ヵ月の連泊旅もしょっちゅう」というかなりのリゾート愛好者で、「定年後、お金は限られているけれど、時間はたっぷりある。のんびりとしたリゾートが合っている」と話した。二人そろっての野鳥観察、湖畔の散歩、森林浴などお金を使わずに時間を楽しめば、「その土地の魅力を感じ取れる」と明かした（共同通信2015年3月4日）。

施設の支配人、川崎孝利は「レジャー施設がそろう便利な観光地ではなく、風土をじっくり堪能《たんのう》するリゾートの達人のような宿泊客が多い」と説明した。リゾートの達人は、真水時間の使い手でもある。

レジャーとリゾートの違いを「見るべきスポットがあるか、ないか」を基準に解説したのが、福岡県の国民宿舎「筑後船小屋　公園の宿」の支配人、日野泰治《ひのやすはる》だ。

「ここに行っておかないと」といわれるような人気のレジャー施設、定番の観光スポットが近くにない――それがリゾートの特徴だという。「ないからこそ、どこに行くのか、そこでどうやって充実した時間を過ごすか、考えて工夫するのがリゾートの醍醐味です」

リゾートで充実した時間を持ちたければ、レジャーのようにお金で楽しい時間を買うわけにはいかない。まずは自分自身で充実した真水時間を新たに生み出す、創造する必要に迫られる。それがリゾートだ。

ところで、時間は「使う」のであって、「生み出す」という言い方は違和感があるかもしれない。日本国語大辞典で調べてみると、使うは「時間・金銭・品物などを消費する」こと。結果的に消えてなくなる事態を言い表している。でも時間は物やお金などと違い、使う前にあらかじめつくっておくことができない。つくりながら、同時に使うことしか許されない。そしてリゾートの時間は、まず自分で工夫して新たにつくらなければいけないようだ。そこが大変なところでもあり、おもしろさでもある。ともかく、誰かがつくった時間をサービスとしてお金で買ったりするのは、もはやリゾートとはいえない。レジャーだろう。

自分の時間は、自分が生きることと同じだ。自分の生をつくる、という意味で「時間を生み出す」という言い方をすることができる。それこそ、「～すること（時間的事態）ができる（生まれる）」というおなじみの言い方を、わたしたちはとっくの昔から普段使いしているくらいだから。

リゾートを楽しむ8ヵ条

自分の充実時間を自ら創造するのに、リゾートは最適の機会だ。リゾートで充実する時間を生み出すために、何に注意したらいいか、休暇村や国民宿舎の関係者から助言をもらい、「リゾートを楽しむ8ヵ条」としてまとめてみた。

●リゾートを楽しむ8ヵ条

第1条　事前に情報を集めて準備し、「夢」をふくらませる。
第2条　割引航空券や連泊割引など予算を節約することも楽しむ。
第3条　交通手段による移動時間を楽しむ。
第4条　同伴者との会話を大切にする。
第5条　散歩の場所や食事、読書、音楽、スケッチなど「楽しむテーマ」を毎日無理なく設定する。
第6条　宿泊施設のスタッフや地元住民らとあいさつし、現地でしか得られない情報を収集する。
第7条　1日であれもこれもしようと欲張らない。

第８条　天候などの影響で予定通りにいかなくても「また今度」というおおらかな気持ちでいる。

第１条から第６条までは、リゾート時間を充実させるために何を準備し実践したらいいかを列挙した。第７条と第８条には、リゾート時間でのんびりするためにやってはいけないこと、やったほうがいいことを示した。

あらためて、日本国語大辞典によるとリゾートは「保養・行楽・避暑などのために人々がよく行く場所」の意味だ。保養は「からだを休めて健康の回復をはかること」で、休むは「活動を中止して憩《いこ》う」こと。ちなみに、忙しいは「早くしなければならない用事に追われる」という意味だ。

普段何かと忙しい経済社会の時間をそのままリゾートに持ちこみ、あれもこれもと予定に追われてしまったら、もはやリゾートとはいえない。お金を使わずに真水時間をじっくりと生み出し、その過程をわくわく楽しんで使ってしまうという家庭菜園のような感覚が、リゾートで培《つちか》われることになりそうだ。

山登りは真水時間そのもの

「リゾートを楽しむ8ヵ条」がぴたりと当てはまるのは、山だ。まとまった休みを取り、余裕を持った日程にするところから、山の旅は始まる。「山頂からの眺めはさぞすばらしいだろう」などと夢のような未来時間を先取りするのも、楽しいひとときだ。急ぐ必要のないのんびり旅だから、山に向かう列車の中で同伴者と他愛もないおしゃべり時間を楽しむのも乙だ。車窓には美しい自然の景色が広がる。往路からリゾート気分が全開だ。

しかしいざ、重いザックを背負って山を登り始めれば、しんどさは半端ない。みるみるうちに体力を消耗する。せめて気力だけは保とうとがんばるけれど、山の頂上より先に、心身共に疲れ切る頂点に達してしまいそう。

そういうとき、頂上まで体力と気力を維持するコツがある。登っている時間の過程、たけなわでのおしゃべりだ。同伴者だけでなく、見知らぬ登山者同士で交わす「こんにちは！」「がんばってください」のあいさつも、元気回復の源になる。

教えてくれたのは、女性として初めて世界最高峰エベレストへの登頂を果たした登山家、田部井《たべい》淳子《じゅんこ》だ（2010年に筆者がインタビュー）。国内外の名峰を次々と踏破し、世界のアルピニストの憧《あこが》れだ。同時に、山好きの女性たちの山ガール文化を後押しし、万人を山登り時間へといざなった。
「普段の生活では何とはなく思っていることも、自然の中ではとても新鮮に感じられる。風にしても、土や木や花の匂いにしても、『自分が生きてるーっ』という実感にしても。仲間と同じ風景を見聞きし、感動と実感を共有するのが、山を楽しむということです」

生きている実感を他者と共にする時間こそが、元気回復の元のようだ。山登りは、真水時間の特長を明らかにする。「自分の足で一歩一歩登っていかない限り、頂上にはたどり着けない。どんなにつらくても、登り始めたら誰も選手交代はできない」（田部井淳子著『私には山がある』ＰＨＰ研究所）。

わたしの人生の時間を生み出す役目を、他の誰かに代わってもらえないのと同じだ。最後までわたしは、わたしの時間を生み出さなければいけない。でも、いつもわたしはたった一人で時間を生み出す、さみしい存在ではない。「同じ風景を見聞きし、感動と実感を共有する」仲間たちがいる。一緒にすばらしい時間を生み出せる。

田部井はこうも語ってくれた。「『何が何でも頂上』となっちゃうと、登っている途中のすばらしい景色が見えなくなる。たとえ登頂を果たせなくても『自分が負けた』なんて考えず、『その山に行くことができた、自然の中にいることができてよかった』という気持ちになったらいいんです」

山登りに真水時間をたっぷり投じて生み出す過程は、投じた本人のさまざまな能力を鍛える時間でもある。第一に、足腰の訓練になる。さらに、長い時間をかけて坂を登る方法を会得できる。花や木を見分けるための知識が増え、空を仰《あお》いで1時間後の天気を予想する勘《かん》も養われる。山登り時間の効用は数え切れない。

だから何のことはない、「真水時間を投じる」というのは、「わたしがわたし自身を投じる」ことでもあるようだ。わたしは、道具として真水時間を投じるつもりが、投じられた〝現場の時間〟でもがき、鍛えられるのはわたし自身なのだから。そうして、自分自身の運動能力は底上げされ、賢くもなる。しかも、「わたし自身を投じる」ことを、仲間と一緒にできる。一緒に鍛えられ、賢くなり、おしゃべりなどで仲良くなれる。

「自分が自分を投じる」ことを「投企」という言葉にして詳しく解説したのが、20世紀フランスの哲学者、劇作家のジャン＝ポール・サルトルだ。「人間は最初は何ものでもない（中略）人間はみずからがつくったところのものになる」（『実存主義とは何か』伊吹武彦《いぶきたけひこ》訳、人文書院）とした上で、「人間はまず、未来にむかってみずからを投げるものであり、未来のなかにみずからを投企する（中略）人間は何よりも先に、みずからかくあろうと投企したとこ

ろのものになる」（同）

「こうありたい」と考える真水時間を自分で生み出せば、わたしはこれから先の夢や希望を持てる。その上で、夢を実現するためにわざわざ真水時間を投じ、自分を投じ、投企する。人間力を向上させようと真水時間を投じるのもいい。あるいはお金を使って済ますのもありだ。すべて自分自身を投じるわたし次第だ。わたしの自由であり責任だ。

共有ではなく総有へ

補足しなければいけないことがある。山登り時間は、あまねく現代人にとって特別だ。昔むかし、人間が「時間」という考え方を発明するきっかけになったような自然現象を、現代のわたしたちは目撃、追体験できる。

「山の頂上に立って日の出を見て、美しい日没を目の当たりにすれば、ひれ伏したい気持ちになる。地球の動きの中に自分がいるというのが、すごくわかる」と田部井は話してくれた。日が昇り、日が落ちて、夜空いっぱいの星々や星座がきらめきめぐる。下界の経済社会の喧噪《けんそう》と便利な商品社会から遠く離れ、空気が澄んだ高い山の上で、こうした「時間」創造の原風景を圧倒的な迫力で体感することになる。

明けの明星が紺色の空にまたたく未明、登頂者たちはこぞって頂《いただき》に立ち、遠く地平線から現れるご来光に大きな感動を覚える。神様に向かって拝《おが》むように手を合わせる姿も。こうして原始の時代から人類は、「時間」に心を震わせてきたのではないか。

日本大百科全書も説明する通り、「時間意識の出発点は、自然の周期現象」。人は山で「時間の始まり」に立ち会う。そもそも山登りだけでなく、気心の知れた家族や友だちと真水時間を共有し、感動を共有できるなんて、なんと幸福な時間であるか。

ところで、「時間の共有」は、日常よく耳にするありふれた言い回しだ。でも、「共有」という用語と時間との組み合わせは、どうやら考え直さないといけないらしい。日本国語大辞典で調べてみると、共有は「数人が一つの物の所有権を分有すること。各人はその物に対して持分をもち、その割合に応じた使用、収益ができる」とある。

たとえば、2人以上で時間を共にする典型例として、友人とのおしゃべりがある。まず、友人と楽しくおしゃべりした真水時間は物ではない。次に、所有権を分けられるかというと、かなり難しい。

無理矢理に分有するなら、「1時間のうち前半30分はわたしが所有し、後半30分はあなたが所有する」という言い方になるのかもしれないが、実際は不可能だ。2人がいるから成り立った過去のおしゃべり時間は、2人の記憶の中にある。2人で分けることなく一緒に大切にしていくしかない。

「時間を共にする」ということなら、共有でなく「総有」のほうがよさそうだ。総有は「団体構成員の各人には単に使用・収益の権能があるだけ」（日本国語大辞典）で持分もない、個人所有、私有もない。日本に昔からあった「入会《いりあい》」がこれに近い。そうだとすると、**「時間を総有する」は、まさに入会のような時間を他者と共にする状態**、ということになる。

入会は、日本でも長い歴史がある古い仕組みだ。でも、近代の経済社会の進展とともに急速に姿を消した。入会は「同一場所・地域を複数の人または村が利用し、あるいはそこから得分（年貢《ねんぐ》・地子《じし》など）を取る関係」（国史大辞典）だ。昭和時代の初めごろまでは、住民が地元の入会の山野を共同で管理し、わが家のかまどで燃やす薪などを得ていた。もちろんお金を払わないで。しかも、誰も私的に所有しない形で。

こうした入会は、住人同士の理解や信頼、思いやりがないと成り立たない。牧歌的な、のどかな人間関係が不可欠だ。損得が先に立つ現代の経済社会で、単なるおしゃべりの真水時間が、入会のようなのどかな人間関係を支える。居心地のいいちっちゃなコミュニティーをつくり出す。だからたぶん、**おしゃべりの真水時間こそ、コミュニティーの芽、あるいは元素**といえそうだ。

入会のような会話は、民族のアイデンティティーをつなげる役割も果たす。日本の北方先住民族アイヌは、もともと文字を使わない。口承で、誰かの話を誰かが聞くという時間を総有することで、文化や歴史、知恵などを伝えてきた。そうして今日まで連綿と語り聞き継がれた神謡、英雄叙事詩は語りでありながら、リズムやメロディーのある音楽でもある。アイヌ文化の伝承者、安東《あんどう》ウメ子は「アイヌはリズムと音を大事にする。頭でやるのとは違う。自分の経験、心なのよ。それはアイヌ文化の先輩たちがずっとやってきたこと」と教えてくれた（2003年に筆者がインタビュー）。

民族楽器のムックリ（口琴《こうきん》）の名手でもある安東は、母から楽器の手ほどきを受けた。「子ども時代、夜ご飯を食べたら日が落ちて『寂しいなあ』と思うときに『かあちゃん、聞かせて』とねだるとムックリを聞かせてくれたの。その余韻のあるムックリが大好きで、ずっと私も弾いてきたんです」

そうして齢《とし》を重ね、「やっとかあちゃんの音色に近づいたかなと思っているんですよ」と。安東にとって、過去の母をはじめ誰かとの心の会話が、豊かな芸術ともいえる音楽になる。アイヌの文化の時間は世代を超えて総有され、過去から現在、未来へつながっていく。

０・１移住もある

近い将来に人口減で消滅する可能性が高い自治体は、全国で約９００に上るともされる。この未来をなんとか変えようと、移住者の定住人口や、観光客などの交流人口を増やす政策が各地で実施されている。さらに、地域の住民と関わる人の数「関係人口」を増やす取り組みも盛んだ。

おしゃべりの真水時間はコミュニティーの元素だ。住民と関係する人々が増え、真水時間をたくさん投じておしゃべりすることが、市町村の存続に貢献しそうだ。

交流人口増や関係人口増が求められていた２０２０年、世界中で新型コロナウイルスが広がった。感染防止のため、空間的・物理的に密接交流しようと時間を投じたり、自分自身を投じたりするわけにはいかなくなった。

交流人口や関係人口を増やしたい自治体にとってだけでなく、音楽会や演劇、展覧会などの文化の面でも、日常生活でも「交流」「関係」のあり方を見直さなければいけなくなった。「関係受難」ともいえる時代の中で、新しい密接な関係づくりの道具として人気が高まったのが、インターネットを使ったオンラインのビデオ会議だ。モニターを通してだが、あたかも実際に顔と顔を合わせておしゃべりをし、対話の時間を総有する気分にさせてくれる。

遠く離れた人同士が、密接な関係をつくり、仲良くなれる。オンラインでもよければ、交流・関係人口増は十分に実現できる。

オンラインでの交流・関係人口増は、真水時間の得意分野だ。従来、交流・関係人口を増やすには、当地に出向いたり、名産品をやりとりしたりして、それなりのお金が必要だった。でも、オンラインの場合、普段使っているパソコンかスマートフォンかタブレットがあり、無料の通信サービスを利用すれば、あとはお金要らずの真水時間で実現できる。オンラインでなら、交流や関係づくりのために毎日2時間を総有するなんていともたやすい。

こうなると、年に数回交流したり関係したりするより、定住に近いともいえそうだ。ただし、本当の定住者は1日24時間、当地での交流や関係づくりに充《あ》てることができるが、オンラインでは1日数時間が精いっぱいかもしれない。

そこでたとえば、オンラインで当地とつながり、おしゃべりのために総有するのが1日当たり2・4時間であれば、「0・1定住」あるいは「0・1移住」と呼んではどうか。

物理的な身体が単位であるなら、1人移住するか移住しないかのどちらかしかなく、0・1移住はあり得ない。でも、**わたしの人生の時間を単位にすれば、0・1移住も0・8移住もありではないか。**新しい関係づくりを時間で考えれば、0・1移住者が10人集まれば、本当に１人が移住したのと同じという計算になる。こんな発想ができるのも、真水時間ならではだ。

心のアンサンブル「ムジツィーレン」

総有する真水時間は、芸術では見事な「表現」として実現している。

音楽で最も幸せな真水時間は何かと尋ねれば、多くの音楽家が「インタープレイ」と答える。インタープレイ（ｉｎｔｅｒｐｌａｙ）とは、「相互作用、相互影響、相互関係」（ランダムハウス英和大辞典）のこと。

たとえばバイオリン、ビオラ、チェロのそれぞれの演奏者が楽器の音でやりとりし、いわば音のおしゃべりをすることだ。アンサンブル（ｅｎｓｅｍｂｌｅ、合奏）、または「音楽をする」という意味のドイツ語「ムジツィーレン（ｍｕｓｉｚｉｅｒｅｎ）」と言い換えられそうだ。

ウィーンを拠点に活動するバイオリニストの服部豊子《はっとりとよこ》が、ムジツィーレンの深い意味を教えてくれた（２００４年に筆者がインタビュー）。「演奏を合わせる技術より奏者の心のアンサンブルが大事です。みんなで音楽をして、合奏を楽しむ気持ちを優先する。他の人の音をちゃんと聴《き》き、全体の響き合いもよく聴いて、それぞれの個性を生かしながらうまく混ぜ合わせるんです」

そうして奏でられる美しく楽しいムジツィーレンが、幸福な関係を育む。個性が粒立ちしながら一体感のあるこの真水時間を、「世界のオザワ」こと指揮者の小澤征爾《おざわせいじ》は「夕陽を見つめた時」にたとえる（２００２年に筆者がインタビュー）。

「自分の精神が、気持ちが落ち着いていて、何かに集中できる時に心の中に美しい夕陽がある。（中略）いい音楽は、音楽会でお客さんが千人座ってても、音楽やっている人と一人一人の線ですから」（小池真一著『小澤征爾　音楽ひとりひとりの夕陽』講談社+α新書）

一人でありながら、みんなで一体になる。人の一生は短く、「人間五十年、下天の内をくらぶれば、夢幻のごとくなり」（幸若舞《こうわかまい》「敦盛《あつもり》」）。命の時間のせめてつかの間、演奏家と観客が一対一で対話する。そうして思いをやりとりする美しいムジツィーレンを、音楽のおしゃべり時間を総有する。ああ、みんなで一緒に喜び合いたい——そんな心境かもしれない。損得なしの楽しい真水時間は、芸術と地続きだ。

過程を大事に

お金を使わなくても、楽しい真水時間を過ごすことができるのは間違いない。それなら、お金を使うのでなく、受け取ることもしないで作業、労働に時間を投じる場合はどうか。ボランティア活動などがそれに当たる。無償で働いて、楽しい真水時間を生み出せるのか。お金本位の経済社会の常識でいえば、答えは「いいえ」だろうが。

長寿大国・日本は、１００歳以上の高齢者数が２０１９年に初めて７万人を超え、「人生１００年時代」が到来した。健康長寿のお年寄りが多いことで知られる長野県が、元気で長生きの要因を調べた。

統計分析の結果、習慣的な喫煙者や肥満者の割合が低く、野菜摂取量が多いなら身体が健康になることがわかった。そして、ボランティア活動に積極的な人も、健康で長寿になる傾向が強いと報告している（「長野県健康長寿プロジェクト・研究事業報告書」）。

介護や町おこし、被災地の復興など、ボランティア活動のために真水時間を投じれば、その成果が誰かにとって価値あるもの・ことになる。それだけで、活動が本来目指した成果を達成できたと評価できる。もちろん、ボランティア本人へのお金という報酬はないのだけれど。

でも、ボランティア活動は成果だけでなくその過程でも、さまざまな価値を生み出している。ボランティア本人に「生きがいを持ったくらし」がもたらされ、健康長寿になる。コミュニケーション能力も向上し、人の絆《きずな》も育まれる。これらももちろん、すべて価値あることだ。

真水時間が成果として、過程として価値を生み出すとしたが、価値は「物事のもっている値うち」（日本国語大辞典）の意味で、お金絡みのイメージが強い。元来、お金とは無縁の真水時間に対しては、価値の代わりに、神様や自然が施《ほどこ》してくれるような大切なもの・ことの意味の「恵み」がふさわしいのではないか。

真水時間の成果という恵みと過程の恵みは、賞金なしのマラソンにたとえるとわかりやすい。走る選手は真水時間で、コースは過程、ゴールは成果だ。誰が優勝するのかだけを気にするのは成果主義だ。

一方、過程主義は、コース上での見事な走りっぷりや体調不良による遅れ、あきらめずに走り続けるレースの途中をこそ貴重とする。沿道の観戦者が応援し、選手が元気や勇気をもらう……。**コースで展開されるこの長い時間の過程の恵みこそ、マラソンの醍醐味《だいごみ》ではないか。**

ここで仮に、優勝者に賞金として大金が贈られるとなるとどうか。たぶん、最初にゴールテープを切るのは誰か、という結果に関心が集まるはずだ。自然、レース過程への興味が薄れてしまう。そこで生み出されたさまざまな出来事への評価は、相対的に低くなる。

経済社会ではことのほか影響力が強いお金を、生活時間から切り離して考えないといけない。そうして真水時間と向き合わないと、時間の過程が生み出す豊かさを見失ってしまいそうだ。

オードリー・ヘップバーンに学ぶ

真水時間は、成果と過程の恵みをもたらす。これらは時の恵み、「時恵《じけい》」だ。両方ともお金がなくても、真水時間さえあれば実現できる。経済社会では「お金がないと何もできない」とうそぶくこともある。でも、強く反論したい。「真水時間を見損なってはいけない」と。証拠というか証人がいる。

映画「ローマの休日」の王女役などで世界の人々を魅了した女優オードリー・ヘップバーンは後半生、飢餓に苦しむアフリカの子どもたちを救うボランティア活動に力を尽くした。それこそ、ボランティア活動に真水時間を投じた。齢を重ね、顔にシワが目立つようになるにつれ、人々から心ない言葉を投げつけられた。でも、ヘップバーンは毅然《きぜん》と話した。

「これからも人に愛され、自分でも人を愛することができるとわかっていれば、年をとることは全然こわくありません。（中略）人が恐れるのは老齢や死ではなく、孤独と愛情の欠如なのです」（バリー・パリス著、永井淳訳『オードリー・ヘップバーン』集英社）

年齢主義という言い方がある。高齢という結果による差別のこと。そんな風潮がはびこる社会の中で、若さと引き換えにしてこそ得られる時間過程の恵みとしての美しさがある――そのことに、人々は気づかされた。シワの数をむしろ誇り、優美な笑顔を見せる彼女の時恵に、世の女性たちがどれほど勇気をもらったことか。ヘップバーンの時恵が世界中に伝播《でんぱ》し、世の人々にも楽しい恵みの時間を芽吹かせた。恵みの人は、周りの人を幸福にする。

ヘップバーンは、ボランティア活動に愛情いっぱいの真水時間を投じた。長野県は、健康長寿のために積極的に真水時間を投じてボランティア活動をするよう勧める。「美しい健康長寿」という夢のような幸せな人生時間を、ボランティア活動が叶《かな》えてくれるようだ。

そもそも、ボランティアとは「自ら進んで社会事業などに無償で参加する人」（広辞苑）だ。無償の真水時間を投じることで、社会のさまざまな課題を解決するのに貢献する。この真水時間は、本人に時恵をもたらすだけでない。他者にとっても時恵になり、社会を支える。

１９９５年1月17日午前5時46分、兵庫県の淡路島北部を震源にマグニチュード７・３の地震が発生した。この阪神・淡路大震災による死者６４３４人、重傷者約1万人、損壊家屋は約64万棟に及んだ。被災者に希望を届けたのが、全国各地から駆けつけた延べ２００万人を超えるとされるボランティアだった。

大震災の発生当日、自宅で寝ていた教員の園山洋史は激しい揺れで跳び起き、勤務先の小学校にバイクを走らせた。倒壊した家々が見え、無数の火の手が上がっていた。校舎に大きな被害はなかったが、続々と被災者が集まってきたという（山陰中央新報２０２０年1月18日）。

希望を届けてくれたのがボランティアたちだ。「大きな被害を逃れた地域の住民がわずかながら持って来てくれたおにぎりを皮切りに、水やバナナ、日用品など、さまざまな物資が学校に届くようになった」（同）。各地から届いた温かい支援に救われた、と感謝の念で振り返った。**支援されたのは物資だけでなく、大量の真水時間もだ。**

奇跡の「時間革命」

かつてない規模でボランティアが展開したこの年は「ボランティア元年」、あるいは「ボランティア革命」と呼ばれる。

以後、ボランティア活動時間のパワーが広く知られ、２００４年の新潟県中越地震で延べ約10万人、２０１１年の東日本大震災で延べ約５５０万人を超えるとされる老若男女が被災地に駆けつけた。ボランティア活動のために真水時間を投じた。人命救助や復旧、復興で大きな成果を挙げた。２００５年度の防災白書は「ボランティアはなくてはならない主体となっている」と評価した。

ボランティア活動の真水時間なくして日本の防災、復旧、復興は叶わない。経済社会にあって、お金ではなく真水時間がこれだけ政府から期待され、頼りにされるなんて、まさに「革命」だ。

ちなみに、阪神・淡路大震災で活動したボランティアを対象にした1995年の意識調査がある。ボランティア活動を行った動機は「被災の人達の生活の援助に役立とうと思った」(39・5%)が1位で、2位は「いてもたってもいられなかった」(28・8%)となった。利他主義の善意の発露が大勢を占めた。

災害ボランティアを経験してよかった点は、「自分自身の勉強になった」が26・8%で1位になった。以下は「被災の人達の生活の援助に役立てた」(19・8%)、「新しい出会いや経験ができた」(18・5%)、「自分でも人の役に立てることがわかった」(11・6%)が続いた。ボランティア活動のために投じた真水時間の過程で、大きな充実感や幸福感という時恵をボランティア本人が受け取った。

お金から見ればボランティア活動は、無償労働による一方的な奉仕ということになる。でも、時間の視点でいえば、相互の時恵のやりとり、「互恵」にほかならない。

直前までバブル経済に浮かれ、派手な金づかいで自己中心的だった人たちが、われ先にと困っている他人のために惜しみなく真水時間を投じるようになった。お金の見返りを求めることもなくだ。なるほど、老若男女の意識の大転換こそ、お金本位の経済社会で起こった奇跡のような「時間革命」でもあった。

時間革命を経て、お金を本来必要としない真水時間はそれまでの軽視の対象から、人々にとって本当に頼れる資源、パワーになった。被災地だけではない、人口減に苦しむ町や村にとっても、ボランティア活動のための真水時間が本当に必要とされている。

そんな中で、時間を文化に投じて、地域の価値と魅力を高めようという取り組みが生まれた。東京２０２０オリンピック・パラリンピックを機に全国に広がった「文化プログラム」だ。

文化プログラムは元々、オリンピック憲章で開催を義務づけられた「文化の祭典」イベントだ。日本では、文化を通じた地域活性化策として、地方自治体が積極的に担った。

大勢の住民や観光客が古い神社や仏寺、伝統産業や郷土芸能、祭りなどを訪ね見学する。歴史を学び調べて魅力を見つけ出す。インターネットなどで国内外に地元文化の情報を発信するきっかけになった。一人一人が文化の真水時間を個人的に楽しんでいるつもりでも、同時にボランティア活動の役目も果たす。住民や観光客が投じる真水時間が、新たな価値、お金で評価し切れない恵みを地域にもたらしている。

文化プログラムプレスセンター

全国各地の文化プログラムに、地元の中学生、高校生らがジャーナリストとして参加する取り組みがある。文化プログラムプレスセンターだ。10代学生が取材し、新聞をつくって発信するこの活動は、若者が地域文化を〝掘り起こし〟、地元の誇りを取り戻すためのボランティア活動だ。

筆者が同僚記者の工藤恵と企画し、先輩記者の緒方伸一が講師となって2016年に始動させた。全国の地方新聞のベテラン記者が取材方法や記事の書き方を指南する形で、19年末までに延べ1000人以上の10代学生が真水時間を投じて地域文化を取材し、500以上の新聞・記事を制作した。

17年に福井県小浜市で高校生として取材会に参加した下仲咲穂《したなかさきほ》は「何もないこんなまちから早く出て行きたい」という出だしの新聞用コラムを書いた。「幼いころから私の友人たちは口をそろえてそう言った。大人たちも『働くところがないから』と嘆いた。（中略）地元をあまり好きではないのかと漠然と残念に思っていた」（共同通信2019年5月15日）。

でも取材を通じて、地域文化や歴史について理解を深めた。地元芸能の担い手をはじめ文化人に話を聞くことで、残念が希望に変わった。手づくりした「旭座新聞」には「小浜の観光がこれから進んでいく上での大事なことを学ぶことができた」と記した。県外の大学に進学した下仲だが、将来は故郷に帰ってまちづくりに携《たずさ》わる決意を語ってくれた（２０１９年に筆者がインタビュー）。

文化プログラムプレスセンターのウェブサイトには、全国の10代たちが故郷の文化、歴史のすばらしさを紹介した〝くに褒《ほ》め新聞〟が並ぶ。10代視線で記録、発信された地域の情報が、さまざまな人を地域文化へいざなう。こうした魅力的な情報こそ、人々が進んで時間を投じたくなるような社会基盤、いわば「時間インフラ」だ。

地域を文化で活性化しようという文化プログラムは、お金よりも時間によって地域を豊かにし、魅力を向上させるプロジェクトだ。これをきっかけに、時間インフラも整いそうだ。そうして、みんなでこぞって真水時間を投じれば、文化や歴史にまつわる興味深い物語や情報が次々と、時間インフラに追加される。時間による地域活性化の好循環が生まれる。

文化庁長官を経て、東京オリンピック・パラリンピック大会組織委員会の文化・教育委員会委員長に就任した青柳正規《あおやぎまさのり》は、文化プログラムの旗振り役、いわば総監督だ。「人類の祭典に合わせ、文化プログラムを通じていかに地域の文化を掘り起こし、活性化して元気にするか。２０２０年以降の日本を左右する」と話した（共同通信２０１７年8月30日）。

「文化プログラムのすすめ」に力を込める背景には、これからの日本の経済社会に対する強い危機感がある。莫大な借金で行き詰まりつつある財政や低成長経済で日本は立ち行かなくなるのではないか……。

「人とお金を大都市に吸い取られている地方に対し、国は一極集中の流れを止められませんでした。これ以上、大規模予算で地域振興をする体力が、日本にはほとんど残っていません」

新しい国富論

湯水のようにお金を使えない地方のために残された資源、それが文化という「富」だと青柳は語る。地域には、GDP（国内総生産）などの経済指標に反映されないままに蓄積されてきた文化という富がある。そこに一人一人のかけがえのない真水時間を投じて掘り起こせば、地域振興に生かせるという。「経済だけに寄りかかることなく、豊かな未来を切り開けるのではないでしょうか」

富といえば、経済学の古典『国富論』が思い出される。著者は、18世紀英国の経済学者アダム・スミス。富は労働の時間が生み出す、と説き起こした。「その国の国民が年間に行う労働こそが、生活の必需品として、生活を豊かにする利便品として、国民が年間に消費するものすべてを生み出す源泉である」（山岡洋一訳、日本経済新聞出版社）。『国富論』が国の富の源とした労働の時間は、賃金が支払われる場合を意味する。ボランティア活動や家事などの無償労働はお金では見えないから、スミス流の国富に含まれないだろう。富は「人間の生活を豊かにするのに役立つ物資・資源」（新明解国語辞典）の総称。真水時間の無償労働であっても、「人間の生活を豊かにするのに役立つ」もの・ことを生み出す。

国富、社会の富は有償と無償の区別なく、労働や作業をする時間が生み出す――これが時間革命以降、新しい時代のわたしたちの常識になる。時間大国にふさわしい、新しい国富論が必要だ。

真水時間が富の源になるなら、お金では見えないボランティア活動の真水時間は、いったい日本でどれだけ投じられているのか。これを見える化しようとする研究が２０１７年、駿《する》河台《がだい》大学教授の渡辺裕子《わたなべゆうこ》により公表された。

総務省の社会生活基本調査を基に15歳以上の人のボランティア活動の時間を概算したところ、２００１年は合わせて約28億７５００万時間、06年は約29億５２００万時間、11年は約26億８１００万時間になった。

経済的価値、つまりどれくらいの額に相当するのかを知るには、それぞれの年の平均時給を乗じればいい。結果は、01年が約2兆7600億円、06年は約2兆9500億円、11年は約2兆7900億円になった。

1990年代初めにバブル経済が崩壊してから20年間、日本の経済成長が停滞した時期を「失われた20年」と呼ぶことがある。でもこの間、阪神・淡路大震災のボランティア革命、時間革命の後、真水時間を投じることで大きな成果としての恵みがもたらされている。お金に換算すれば、3兆円弱に値する富を毎年のように日本に付加するボランティア活動の〝時間産業〟が興《おこ》った、といえるのではないか。

3兆円弱という数字については、かなり控えめに見積もられており、注意が必要だ。真水時間の過程の恵みが含まれていないからだ。総合的な評価はさらに大きくなるはずだ。気がつけば日本は経済大国から成熟した「時間大国」への道を歩み始めたのかもしれない。

丁寧に生きる

真水時間は、お金がなければ成り立たない「お金時間」と比べても、引けを取らないくらい力がある。楽しい時間や幸福な人生を実現し、復興の促進や地域振興などの成果を達成する。健康長寿や美しさといった時恵をもたらす。わたしたちは、真水時間を投じることで自分自身が鍛えられ賢くなる。充実した真水時間を生み出す力が磨《みが》き上げられる。

この力を鍛錬するのに、時間だけでなくお金を上手に組み合わせて投じる方法、道もある。日本の伝統である茶道や華道、剣道、柔道といった「道」文化だ。先生への謝礼と道具類に多少のお金が必要だが、あとは自己を鍛錬し、すばらしい人生時間を生み出すためにひたすら稽古をする。

10年20年、それ以上の生涯をかけて継続的に時間を、多くの真水時間を投じる。気が遠くなるような長尺の時間文化である茶道の魅力を描き出したのが、映画「日日是好日《にちにちこれこうじつ》」（大森《おおもり》立嗣《たつし》監督）だ。

「一生をかけられるような何かを見つけたい」と悩む大学生の典子は、母の勧めでいとこの美智子と一緒に茶道を習うことになる。20歳の春、「お辞儀《じぎ》がきれい」と評判の武田先生の門を叩くところから長い長い歳月のお茶修業が始まる。

先生から典子、美智子への指導はこと細かい。茶室の障子《しょうじ》は七分ほど開け、一礼する。水指を運ぶには胸の高さで、中の水がぽちゃぽちゃと跳ねないようにする。「重たいものは軽々と、軽いものは重々しく持ちます」という助言付きだ。釜から柄杓《ひしゃく》でお湯をすくうときも「音を立てないように」。戸惑いながら、少しずつ基本動作を体得していく。

武田先生は典子たちにさまざまな注意をするが、ある共通点がある。時間の過程を丁寧《ていねい》にている。つまり、茶道の丁寧さとは、手順の正しさや所作の美しさではなく、人が生きる、ということだ。畳の縁《へり》は踏んで傷めたりしない。茶碗をすすいだお湯を建水に捨てる際、せっかちに茶碗を振ったりしない。どれもこれも道具をいたわり、丁寧に扱うよう戒《いまし》める。

茶道が求める丁寧さは、物に対してばかりでない。典子は茶道の所作が板に付いてきたある日突然、父を亡くす。家族団欒《だんらん》の時間は大切と知りながら、「いつでもできる」とおろそかにしていた自分を責める。

「たとえ何度同じ亭主と客が集まって茶事を開いたとしても、その日と同じようには二度とならない。（中略）一生に一度かぎりだと思っておやりください」と話した武田先生の、「一《いち》期《ご》一会《いちえ》」の思いが心に響く。

そして典子はある境地に達する。「雨の日は雨を聴く。五感を使って全身でその瞬間を味わう」ことが、「日日是好日」なのだと気づく。「来る日も来る日も、楽しく平和なよい日が続く」（日本国語大辞典）というこの言葉の、本当の深意を悟る。充実した真水時間を生み出す達人になった。

丁寧とは「注意深く心がゆきとどくこと」（広辞苑）。幾星霜《いくせいそう》の稽古《けいこ》で人と物に対して丁寧に時間を投じる能力を磨き上げた茶人たちは、充実した真水時間を生み出し、その過程を丁寧に楽しむことができる。

お茶の稽古でも茶会でも、お茶は心を込めてゆっくりと点《た》てられ、茶碗や掛け軸や茶花はじっくりと鑑賞され、お茶はゆったりと賞味される。満ち足りた時間の過程が丁寧に生み出される。

茶道の心得を説いた利休《りきゅう》百首の中に「茶はさびて心はあつくもてなせよ　道具はいつも有《あり》合《あわせ》にせよ」がある。茶の湯は質素であっても、人を誠心誠意、丁寧にもてなすよう促す。加えて、茶碗などに大金をかけなくてもいい、あり合わせでいいと。

茶道を大成させた千利休がお茶を通して問いかけたのは、**どれだけ丁寧に時間を生み出しているか、どれほど人生という時間を大切にしているか、**だったように見える。

「時計簿」を書く前に

お金時間と真水時間の違いはあっても、すべての時間はわたしたちが楽しく、幸福に生きるための大切な資源であることに変わりがない。繰り返しになるが、だからこそ資源管理として、時間をどんなことに、どれだけ投じたのか、大切に丁寧に生きたかを時計簿《じけいぼ》に記録する必要がある。

もっともここから先、ひとつ問題が生じる。時計簿には、何にどれだけの時間を投じたかだけを記録すればいいわけではない。そもそも、**時計簿は楽しい時間を生み出すための道具**

だ。何にどれだけの時間を投じて楽しかったのか、充実したかを調べ、学べる人生の時間の記録集でなければいけない。そうでなければ、わたしたちは楽しい時間を生み出す力を強化できず、自分を鍛え、賢くすることも叶わない。

投じた時間の内容と長さに加え、どれだけ楽しかったか、満足したか、充実したかといった評価も併せて、時計簿に記録したほうがいい。

時計簿について詳しく案内する前に、活動時間の満足度、充実度、楽しかったか、といった評価をどのように行ったらいいか、確認する必要がありそうだ。もっとも、評価の言葉がばらばらで、意味内容がそれぞれ異なれば、記録が複雑になってしまう。そこで、評価の基準を一本化したい。

それは、心に良いことがいっぱいかどうかを表す指標、「わたしの幸福度」だ。

第3章　幸福時間を増やす生き方

新聞の幸福投書

お金を使わなくても時間（真水《まみず》時間）さえあれば、楽しさや充実感、満足感のような心に良い（快《こころよ》い）気持ちになれる。快い時間が十分にあれば、幸福になれそうだ。楽しいは「快いさま」（日本国語大辞典）の意味で、快い（心良い）は「心に楽しく、愉快に感じるさま」（同）のこと。楽しい時間と快い時間はほぼ同義ということになる。

第1章で確認したように「時間がなければあらゆることが無価値」の法則がある。そうすると、時間なしでお金だけあっても快く（楽しく）ならないし、幸福はないように見える。お金本位の経済社会では「お金があればなんでも買える、もちろん幸福も」と考えられがちだが、こうした物言いには欠陥がある。**すべては「幸福を感じる時間があってこその幸福」だ。**

それなら、どのように時間を投じたら幸福を実現できるか。個人が幸福追求する権利を保障した日本国憲法第13条の後押しもあり、幸せを求めるわたしたち〝幸福追求者〟にとって、時間と幸福の関係は重要な関心事だ。その証拠に新聞には連日、幸福をめぐる読者からのさまざまな投書が掲載される。

小学3年から野球を始めたという21歳の北口進之佑は、高校時代に試合の大事な場面で空振り三振に終わった思い出を紹介した。野球漬けの高校時代はあっという間に過ぎ去ったと振り返り、「自分は好きな野球をさせてもらえて幸せ者だと思っている。かけがえのない時間だった」とつづった（朝日新聞2019年8月24日）。

競泳選手の岩崎恭子《いわさききょうこ》は、1992年バルセロナ・オリンピックの女子200メートル平泳ぎに出場し、14歳と6日で金メダルを獲得した。そこで生み出した〝名言〟が「今まで生きてきた中で一番幸せ」だった。16歳の佐野龍之介の場合はしみじみ系の幸福だ。学校の運動会の醍醐味《だいごみ》は「家族全員で食べるお弁当」の時間だとし、「いつもより特別に感じられ、幸せな気分になった」と記憶をたどった（読売新聞2019年11月30日）。

誰にも縛られない自由な時間こそが最大の幸福の源泉だと指摘したのは、72歳の中川原進一郎だ。いじめやパワーハラスメントに耐えて迎えた定年退職後、「人生の持ち時間を自分の意思でデザインするのは喜びであり、この上ない幸せ」と伝えている（朝日新聞2019年11月30日）。

新型コロナウイルスの感染拡大で人々は外出自粛《じしゅく》を余儀なくされたが、不自由だからこそ見出した喜び、幸福があると報告したのは53歳の久米貴美子だ。マスクを自作するための布がないか家の中を探していたら、亡き祖母ゆかりの浴衣や着物が出てきたという。「ふっくらとぬくもりを感じるマスクに仕上がりました。祖母と一緒にいるよう」とうれしさを露《あら》わにしている（朝日新聞２０２０年４月22日）。

時計簿《じけいぼ》を記録するとしたら、三振に終わった野球の試合約２時間には高い幸福度を書き添えることになる。運動会での家族全員の弁当会食１時間も高い幸福度になり、定年後のさまざまな活動も、コロナウイルス禍でのマスクづくりも幸福印だ。

新聞の投書欄は、ニュース面の記事とはひと味違う楽しさがある。経済の低迷が長く続くが、多くの老若男女がさまざまな幸福を見出し、広くお福分けする。

たくさんの幸福投書を毎日のように楽しく読むことができるのだが、読み重ねてみると気づかされる。それぞれ幸福の形は違うけれども、ほとんどの投書に共通しているのは「他者との関わりの中で幸福が生まれている」ということだ。

13歳の山本彩純は「家の音は幸せの音、あたたかい」との見出しで「母のリズミカルな包丁の音、兄が参考書をペラッとめくる音、父と妹がテレビを見て笑いソファが小刻みにゆれる音」を取り上げ、「一番大きく聞こえるのは、みんなが笑いあう幸せの音だ」と結んだ（朝日新聞２０２０年１月28日）。

68歳の岡本和栄は、夫の落とし物をめぐる「幸せな気持ちに包まれた」体験を紹介。警察に遺失届を出した数日後、自宅に届いた茶封筒には無くしたシルバーパスなどとともに「路上で拾いましたので、ご自宅まで送らせていただきます。日本在住の中国人　張」と書かれた便箋が入っていたという（読売新聞２０１９年８月10日）。

このほか、小学校の入学式で新１年生と優しく手をつないだ上級生の幸せ、障害を持つ弟が笑顔を見せた瞬間の幸せ……。新聞に掲載されたこうした日常の幸福の多くが、お金要《い》らずの真水時間を投じて実現している。人と人がやりとりし、時間を共にし、総有することで幸福が生み出された。

投書には見えやすく、共感しやすい幸福が多い。読むほどに、気持ちがほっこりと快く楽しくなる。幸福感が書き手から読み手へと伝わる。幸福を総有する当事者とは本来無関係の読者が、投書を読むことで幸福というお裾分けをもらえるみたいだ。これは、幸福を総有する「幸福共同体」といえる。

４つの幸福系

そもそも幸福って何だろう。日本国語大辞典を調べると、幸福は「恵まれた状態にあって不平を感じないこと」を意味する。これと似ている言葉で、幸せは「めぐり合わせ。運命。なりゆき。機会」。幸いは「神仏など他が与えてくれたと考えられる、自分にとって非常に望ましく、またしあわせに感じられる状態。運のよいこと」。そして、幸《さち》は「都合のよいこと。さいわいであること」。

それぞれ似通っているようで、微妙に異なる。似た言葉の違いを丁寧《ていねい》に比較、説明し分けてみせる『基礎日本語辞典』（森田良行《もりたよしゆき》著）によると、幸福は「精神的または物質的に恵まれた状態にあって心配や不安がなく、満足感に明るく楽しい気分で満たされる状態」をいう。天体図でたとえるなら、光と温《あたた》かさの源である太陽、お日様だ。

幸いは「生命活動が盛んで（中略）生活行為を進める上で万事好都合で不足な気持ちを持たない恵まれた状態」。生命を育むわたしたちの青い地球のようだ。

幸せ（仕合わせ）は「〝まわり合わせ〟〝めぐり合わせ〟言ってみれば〝運〟のこと」で、もともとは「善悪いずれの場合にも用いられた」。後の時代にもっぱら「好運」の意味で使われるようになったという。たまたまの到来であれば、吉兆ともいわれてきた美しい彗星《すいせい》のようか。

そして、幸《さち》。元来は「獲物をとるための道具」のことだった。それが転じて「漁や狩りの獲物の多いこと」を意味するようになった（日本国語大辞典）。これは、多くの小惑星がまとまってある「小惑星帯」に人類史上初めて到達し、貴重なデータを獲得した探査機「パイオニア10号」かもしれない。

こうして〝幸福系の天体図〟を眺めてみると、幸福系の言葉それぞれに個性があることがわかる。もちろん、幸福の仲間はこれら４つにとどまらない。漢字辞典『字通』（白川静《しらかわしずか》、平凡社）を見れば、幸愛、幸会、幸近、幸好、幸楽、幸心、幸生、愛幸、栄幸、恩幸、喜幸、僥倖《ぎょうこう》、慶幸、尊幸……。これほどまでにいろいろな幸福系の仲間を古来、人は見出し、創造してきた。幸福系の天体図には、幸愛や僥倖などの〝星々〟からなる天の川銀河が描かれるべきかもしれない。やはり人類は根っからの幸福好き、幸福追求者だ。

時計簿は、人生のさまざまな活動時間の記録集だ。でも、単に活動時間とその内容を書き記す時間帳とは異なる。前者と後者の大きな違いは、時計簿には明確な目的がある、という点だ。**「より多くの、できるだけ大きな幸福を実現する」ためにこそ、時計簿がある。**幸福につながるから、毎日せっせと活動時間を記録し続けることができる。

なるほど、時計簿で幸福を追求するわたしたちは、追い求める幸福のことをなるべく理解しているほうがいい。理解を助ける道具があれば、それに越したことはない。

幸福系の言葉の意味を探ることで、それらが織りなす世界観が見えてくる。ただし、全体像は明らかになるけれど、４つの幸福系のうち「なぜこれは幸せで、どうしてこれが幸いなのか」という使い分けの基準が不明のままだ。

それぞれの意味をもう少し深く探ってみると、ある共通点に突き当たる。幸福は「満足感」、幸いは「不足な気持ちを持たない恵まれた状態」、幸は「多いこと」が要件になっている。いずれも快い時間、望ましい時間が十分に得られていることを言い表している。

そしてどうやら、快い時間がどれだけ十分か、その加減で使う言葉が違ってくるようだ。人の心を「器《うつわ》」にたとえた上で、そこに快い時間が満ち満ちている状態であれば「幸福」だ。不足していない状態なら「幸い」、多いなら「幸」となる。

このように、快い時間の量が決まれば、対応する幸福系の言葉が決まる関係を、**「幸福時間方程式」**と呼ぶことにする。

ここで忘れてはいけない、快い時間の多い少ないが問われない「幸せ」は、幸福時間方程式に当てはめられるのか。幸せは、「めぐり合わせ」という不特定の時機にいい目に遭うことだ。

心という器に良い時間がマイナスやゼロになったりしながらも、時折増えたりすれば快い時間が際立ち、幸せをありありと実感できる。快い時間の一定量ではなく、増えた分を幸福時間方程式に入力して、求められる解こそ「幸せ」ということになる。

4つの幸福系をイメージしやすくするため、落語などでおなじみの謎かけでたとえてみる。4つの幸福系とかけて、杯の酒ととく。その心は、杯に満々と注がれた酒を飲むのは幸福、杯の中の酒が不足していなければ幸い、酒が入った小さな杯がたくさんあれば幸、空の杯に酒が注がれる瞬間は幸せ。お後がよろしいようで。

時計簿を付けてみるとわかるのだが、幸福系のうち最も多くなるのは「幸せ」だ。快い時間の量は少なくても、とにかく増えれば幸せになれるからだ。幸福時間方程式のおかげで幸せだけでなく、「これは幸い」「こっちは幸」と判別できる。見逃してきたような幸福系をあれこれたくさん、楽しく拾い集められる。

それにしても、幸福、幸い、幸、幸せなどの集合を「幸福の仲間」「幸福系」などとしてきたが、快い時間が満ち満ちている意味の「幸福」と、集合としての「幸福」の区別がしにくい。これ以降、前者は特に「狭い意味での幸福」と呼び、集合としての場合は「幸福」とだけ表記して、使い分けることにする。

アラーキー流幸福写真vs.見えにくい幸せ

真水時間をみんなで共にする総有とくれば、その典型として芸術表現が思い起こされる。アラーキーこと世界的な写真家の荒木《あらき》経惟《のぶよし》は、日常生活の中の幸福を撮り下ろす新聞連載シリーズ「幸福写真」を手がけた。

産婦人科医院で誕生間もないわが子をやさしく抱くお母さんたち、河川敷《かせんしき》でサッカーボールを追う小さな子どもたち、女性会社員の合唱団、オシャレを楽しむお年寄りたちに写真機を向け、幸福の笑顔を活写する。「写真は空間を切り取る以上に時間を撮るもの。『この幸せの瞬間よ、永遠なれ』とシャッターを切るんだよ」とアラーキーは教えてくれた（2005年に筆者がインタビュー）。

アラーキー流写真道の奥義《おうぎ》によれば、写真とは「撮る人間と撮られる人間の関係を写すこと。撮られる人とおしゃべりしながらの「話し撮り」が決め技《わざ》だ。まさに真水時間の総有。年配女性たちには「美人だね」と声をかけ、照れくさそうに笑ったところでカシャ。「幸せの花さかじいさん」と自称するゆえんだ。

「自分自身が幸福かどうか感じ取る感覚なんて、人間にはないいんじゃないか。一緒にいる家族や友だち、恋人や他の誰かの喜ぶ顔を見て、『自分は幸せなんだな』としみじみわかる」とアラーキー。**幸福写真は、撮影を通じて人と人が一緒になって快い時間を十分に生み出し、幸福になる行為「写真行為」にほかならない。**

幸福写真を撮るために真水時間を投じれば、被写体になる人はにっこり、幸せの笑顔を見せる。これを目にした撮り手は、心に良い時間を得る。快い時間を増やせたら、「わたしって幸せ」と評価できるはずだ。幸福は、自覚症状で感じ取るのではない、というのは確かにアラーキーの言う通りかもしれない。

アラーキー流の写真行為で実現する幸福は見えやすい、評価しやすい。一方で、見えにくく、だからこそ評価から漏れてしまいがちな幸福がある。

女性の囲碁棋士、謝依旻《しぇいいみん》は史上最年少で公式戦通算400勝を達成し、女流本因坊など数々のタイトルを獲得した。囲碁は棋士2人が対局し、碁石を持つ手を動かして時間を投じて〝対話〟するところから「手談」とも呼ばれるが、謝はまさに最強の手談者の一人。東京都内の中高一貫校で生徒と言葉で談じ合い、幸福をめぐり〝妙手〟を放った（朝日新聞2020年1月22日）。

「人生の『白』と『黒』を教えてください」という質問に対し、謝は自らの幸福観を説くことをもって答えた。「私の人生は、ほとんど白と黒。勝つと楽しいし、負けるとつらい。だからこそ、努力ができる。毎日が楽しければ、楽しさ自体、感じられなくなるでしょ」

苦しかったり悲しかったりした時間が続くと、心に良い時間を渇望するようになる。普段の苦労があればこそ、勝利の幸せを強く実感できる。そして、快い時間が急に増加すれば、幸福時間方程式により「幸せ」が得られるのは道理だ。

さらに謝は「見えにくい幸福」に対し、注意を促す。「忘れがちだけど、みなさんは日本にいられることが、幸せなことだと感じてほしい。海外には、空気が悪かったり、少しの移動に長時間かかったりする所も、いまだにたくさんありますから」

見えやすい幸福は、時計簿にも記録しやすい。一方、見えにくい幸福は把握が難しく、取り扱いがやっかいだ。そもそも、なぜ見えにくいのか、どういう風に見えにくいのかもよくわかっていないところがある。

「かんじんなことは目には見えない」

長く紛争が続くアフガニスタンは、世界の幸福度ランキングで低位が続く。2011年3月11日の東日本大震災の被害をニュースで知り、心を痛めたこの国の子どもによって描かれた絵が、東京電力福島第1原発事故で避難していた福島県の小学生たちに届けられた（共同通信2011年12月6日）。

使者の役割を果たした音楽家の城之内《じょうのうち》ミサによると、贈り主の子どもはアフガニスタンの避難施設で生活する男の子。「日本で被災した人たちがとても心配です。少しでも励ましになれば」と絵と鉛筆を託されたという。

絵には鳥がさえずる様子と、子どもがスポーツをして遊ぶのどかな光景が描かれている。併《あわ》せて、「平和な時は、スポーツをするのが好き」「平和な時は、歌が特別いい味がする」「平和とは幸せのこと」といった言葉が書き添えられている。

平和な生活は心に良い時間を生み出すけれど、そうした時間がどれだけかけがえがないか、幸福なのか見えにくい。見えにくい幸福は、失われた時に気づく。「ああ、幸せだったんだ」と。平和による幸福は、みんなにとって大切な幸福だ。そんな痛切な思いと平和への願いが、戦災の地から震災の地へ伝えられた。

みんなにとって大切な幸福の中には、特に「平和とは幸せ」のように失われてみないと気づかない、見えにくい幸福があるようだ。小説『星の王子さま』（アントワーヌ・ド・サン＝テグジュペリ作、内藤濯《ないとうあろう》訳、岩波書店）に登場するキツネは、「心で見なくちゃ、ものごとはよく見えないってことさ。かんじんなことは、目に見えないんだよ」と諭《さと》した。これに引き寄せれば「みんなにとってかんじんな平和という幸福こそ、目に見えにくい」。

普段の生活の中にある見えにくい幸福の時間は、時計簿を記録するに当たって特に注意が必要だ。なかなか見えにくい幸福を見えるようにする、そんな国際的取り組みがある。

まずは世界幸福度報告だ。国連の持続可能な開発ソリューションネットワークが２０１２年からまとめている。１５６の国・地域の市民が自らの幸福度を0から10までの11段階で自己評価する調査結果を基に、６つの基準で幸福度を評価する。幸福度を多角的に見るための基準とは――１人当たりの国内総生産（ＧＤＰ）というお金の指標、健康寿命、社会的支援、寄付実施者の割合、人生の選択の自由度、政府の腐敗。いずれにしても、お金だけでは幸福を測れないということだ。

ちなみに、同時発表の世界幸福度順位は大いに話題を集める。日本の〝成績〟は15年は53位、18年は54位、19年は58位。**ほどほどの〝中くらいの幸福の国〟という自画像だ。**

お金以外の視点も取り入れた幸福度の国際比較としてもう一つ、経済協力開発機構（OECD）の「より良い暮らし指標」がある。こちらは、あれこれ11の分野で幸福度を評価する。①所得と富　②仕事と報酬　③住居　④ワークライフバランス　⑤健康状態　⑥教育と技能　⑦社会とのつながり　⑧市民参加とガバナンス　⑨環境の質　⑩生活の安全　⑪主観的幸福（生活への満足）、以上だ。

世界幸福度報告と同様、社会的なつながりをはじめ、地球環境、治安の良さなど、見えにくい幸福とつながるような項目が多い。

時計簿を記録する際には、こうした見えにくい幸福も見落とさないようにしたい。そうでないと、自分の人生を適切に評価できないし、本当の自分の幸福が見えない。見逃しや取りこぼしなんて、もったいない。

復興新聞に気づかされる

東日本大震災後、津波などで壊滅的な被害を受けた宮城県気仙沼《けせんぬま》市で、小学校に避難していた小学生の女の子４人が大震災から１週間後の３月18日、奇跡の復興新聞「ファイト新聞」を創刊した。

「暗い話は書かない」の編集方針通り、創刊号の記事は「電気ふっ活　じしんから七日目」の見出しとともに、校舎の明かりが間もなくつくことを予告している。併用のイラストは、避難者たちが笑顔で拍手し喜ぶ様子の想像図だ。

翌３月19日発行の第2号には「天気がはれだと!!　元気がでますね」とのコメントの後に、「さいしょは水、でん気がつかえなかったけどおとといでん気、水が出た。ついた。よかった」とする記事が続く。

晴れた空だけでなく、水道や電気などの生活インフラが、人々に快い時間を十分にもたらし、幸福にしてくれたのだとこの新聞は伝える。

創刊を呼びかけた初代編集長の吉田理紗は「私が新聞を書こうと思ったのは、ひなん所の人たちが元気がなかったからです。（中略）暗い話は書いてはダメというルールを作って、楽しい内容になる様に考えました。新聞を読んだ人からほめられたり、話かけられたりしたのがうれしかったです」と文章で当時を振り返った。

快い時間が満ち満ちている状態がずっと続くと、確かに慣れてしまって見えなくなる。

ファイト新聞は、ほぼ日刊で50号まで続いた。大震災で失われた人と人の絆《きずな》のような見えにくい幸福の源泉が一つ一つ回復し、見えるようになっていく様子をルポした。残念ながらこうした幸福は日常に現れ、常態化したとたん、誰にとっても見えにくくなるらしい。気がつかなくなってしまうのだからやっかいだ。

慣れるは「あるものや事態にたびたび出会ったり経験したりしたために常のこととなる。珍しくなくなる」(日本国語大辞典)ことだ。女の子たちが新たな視点でルポすることで、見えにくい幸福の正体を明らかにした。読者である被災者は、新鮮なこととして気づかされた。幸福という時間が総有された。

心楽しいことに、時間と場所を隔《へだ》てて現在ここに生きるわたしたちも、その正体を確認できる。今を生きるわたしたちは、過去に失われ、復活した幸福を現在の真水時間を使って振り返り、引き寄せる。過去の幸福時間を今現在、ここに持って来ることができる。

大地震と大津波で町が破壊され、日常の幸福が失われた明かりのない避難所で「電気ふっ活」が叶《かな》った。快い時間が急増した過去の幸せを、わたしたちは今ここで、ありありと想像できる。小学生記者たちは、未来の人々までが幸福の時間を総有できる、そんな幸福共同体を創造した。

「かもしれない運転」で

幸福が見えにくくなるのは、慣れが原因だ。時計簿を記録するのに、わたしの中で慣れが〝発症〟するのを予防できなければ、投じた時間をきちんと評価できない。常とは「同じ状態で、長く時を経過すること。いつも変わらないでいるさま」（日本国語大辞典）。そもそも、幸福は時間がないと実現できないが、時間が継続すると見えにくくなる、見失われてしまうらしい。

幸福時間方程式は快い時間の量を入力すると、（狭い意味の）幸福のほか、幸い、幸、そして幸せという解《かい》が得られる。ただし、十分な量の快い時間が長く継続すると、いっぱいの幸福でなく、皮肉にも「見えにくい幸福」が現れるようだ。こういう変な性質が幸福にはある。

何はともあれ、幸福の時間は多いほうがいい。長時間・期間ずっと継続するほうがいい。幸福の困った性質が現実の問題にならないようにしながら、見えにくくなった幸福を見えるようにする方法の一つが、時計簿だ。

わたしが過ごした時間がどれだけ楽しかったか、心に良かったかを丁寧に「注意深く心がゆきとどく」（広辞苑）ように評価して、見えにくい幸福を見逃さないようにするしかない。

新明解国語辞典によれば、丁寧は元々「古代中国で、警戒警報のため軍陣で用いた銅鑼《ドラ》」の名称だった。転じて「相手の立場（気持）を考えて、真心のこもった応対をする様子」「隅ずみまで注意が行き届き、落ち度の無いことを期待する様子」の意味になったという。攻めてくる敵を絶対に見逃さない注意力が求められそうだ。

参考になるのは、自動車の運転免許を取得、更新する際に見る交通事故防止の啓発ビデオだ。停車中のバスの横を車ですり抜ける際、バスの陰から子どもが飛び出してこないだろうと注意散漫で運転するのは「だろう運転」と指摘する。飛び出してくるかもしれないと注意深く運転するのは「かもしれない運転」だ。**事故を防ぐには、かもしれない運転が必要だと諭す。**

時計簿で時間を評価するときは、「幸福が見えにくくなっているかもしれない」という心構えでいきたい。

「投時」のすすめ

中国古代の兵法家、孫子《そんし》の兵法の中で「かれを知り己を知れば百戦あやうからず」はよく知られる教えだ。注意深くわたしの時間を振り返り、見えにくくなった幸福を丁寧に見て見逃さないようにするためには、「普段どこに隠れているのか」くらいは知っておいたほうがいい。

見えやすい幸福として、たとえば早朝のジョギングは、心身ともにリフレッシュできて気持ちいい。快い時間をたっぷりと生み出す源泉になる。こんなわたしのささやかな見えやすい幸福も、実はみんなの見えにくい幸福があってのことだ。

規模が大きな例でいえば、治安が悪い町は、犯罪に巻きこまれる危険がある。空気が汚い環境なら、健康被害の恐れがある。個人の自由を謳歌《おうか》できない国では、気ままに走ることなど許されない。戦争中は、いつ生命を失うかわからない。

小規模でいえば、けがを治《なお》してくれる病院が近所にある、健康にいい食事をつくってくれる家族がいる、ジョギングの関連情報を検索できるインターネット環境が整っている……。

ジョギングをする幸福も、これだけの見えにくい幸福がそろわなければ実現できそうもない。わたしの見えやすい幸福を、たくさんの見えにくい幸福が縁の下の力持ちのように支えてくれている。見えにくい幸福さえも、別の見えにくい幸福に支えられている、支え合っている。イメージでいえば、**見えにくい幸福が層を成して土台になり、その上にわたしの見えやすい幸福がある**ようなことかもしれない。

幸福の多層構造を頭に入れて見えやすい幸福に丁寧に目を配れば、その土台として見えにくい幸福があることに気づかされる。見つけるたびに、「わたしの幸福を支えてくれてありがとう」と感謝の気持ちが湧き起こる。

幸福を実践するのに何かを投じるとしたら、それは「投資」に近い。投資の意味を広辞苑で確認すると「利益を得る目的で、事業に資金を投下すること」「比喩的に、将来を見込んで金銭を投入すること」と説明している。お金を投下して利益というお金を得る目的でなく、時間を投下して幸福という恵みを得る目的であるなら、投資でなく「**投時**」と呼んだほうが良さそうだ。

多層の幸福のうち、土台となる大きな見えない幸福を実現するには、その源泉をみんなで投時してつくり、守る必要がある。たとえば、平和や地球環境などは、さまざまな国の人々がみんなでつくり、守るための投時をしなければ、幸福という時間をみんなで共にし、総有できなくなる。スーパーマンやウルトラマンでもない限り、みんなの大きな見えにくい幸福は、たった一人や少人数では担い切れない。

そもそも総有は、人と人の相互の理解、信頼がなければ成り立たない。幸福に向かって平和や治安といった源泉をつくり、守ろうと時間を一緒に投じ総有するわたしたちは、互いの理解や信頼でつながる関係「幸福共同体」のメンバーだ。その信頼が裏切られたら、手抜きをする人が増えたらどうなるか。総有を骨抜きにしてしまう「ただ乗り」という深刻な問題が生じる。

たとえば、みんなの時間が集まるおかげで実現している平和や豊かな地球環境であれば、わたし1人くらい手抜きしてもびくともしないだろう。平和や地球環境による幸福をこれまで同様、得られるだろう。でも、ただ乗りが1人、また1人と増えていったら……。平和はゆらぎ失われ、地球環境は徐々に確実に悪化する。そうしてみんなの大きな見えにくい幸福がなくなれば、多層構造の幸福が土台ごと崩れる。まさに台無しだ。

グローブジャングルが見せる幸福

一人では全体像がつかめないほど大きな大きな地球大の見えにくい幸福を、とても簡潔に見えやすくした芸術作品がある。しかも、人々が投時を手抜きすれば見えにくくなるという優《すぐ》れもの。アーティスト、鈴木《すずき》康広《やすひろ》の作品「遊具の透視法」だ。

ジャングルジムは、金属管を立体格子状に組んだ子ども向け遊具で、近所の公園などでおなじみだ。その金属管が直径2メートルほどの球形に組まれ、手動で地球儀のように回転するのが回転式ジャングルジム、グローブジャングルだ。夜間これをくるくる回すと残像現象が生じるが、大胆にもこれをスクリーン代わりにして、別撮りした子どもたちの映像を投影する。

この作品は鑑賞者に、地球上で子どもたちが普通に遊べることがいかに幸福か、あらためて思い起こさせる。もちろん、映し出された子どもたちの笑顔を目にするわたしたちにも、幸福の連鎖が起こる。こうした幸福は普段、見えにくい。それを鈴木は、ありありと人々に気づかせる。

秀逸なのが、グローブジャングルは誰かが回さないと残像現象が生まれず、スクリーンの代わりにもならず、子どもたちが遊ぶ幸福も見えなくなる。みんなが手抜きをすれば、幸福が見えにくくなる。

鈴木は自らの作品スケッチ集『まばたきとはばたき』（青幻舎）の中で「遊具は子供たちが加わってはじめて『地球』の影を完成させていたのです。（中略）昼に遊ぶ子供たちの光景を夜の公園によみがえらせることで、地球の自転を意識しました」と解説している。

作品を構成する大きな地球形の遊具を鑑賞者が勝手に回すわけにはいかないが、幸福実現のためについつい回してみたくなる。そういう投時を誘っているようだ。

16歳の悲痛な訴え

グローブジャングルは回さないと、幸福が見えにくくなる。実際の地球もうまく機能しない非常事態が、現実になりつつある。２０１９年は、地球温暖化が原因とみられる大規模な豪雨災害、干ばつによる深刻な農業被害が多発した。地球温暖化を引き起こすとされる二酸化炭素をはじめとする温室効果ガスの大幅削減策などについて話し合う国連の気候行動サミットが急遽《きゅうきょ》、米国・ニューヨークで開催された。

自国経済を優先する経済大国の政府代表たちを前に、スウェーデンの16歳の環境活動家グレタ・トゥンベリが「あなたたちは私の夢と子ども時代を奪いました」と演説した。

「人々は苦しんでいます。死につつあります。生態系は崩壊しつつあります。私たちは絶滅の始まりにいるのです。あなた方が話すのは、お金や、永遠に続く経済成長というおとぎ話ばかり。（中略）この状況を十分に理解しながら、まだ行動しそこない続けるなら、それは悪ということです」

これまで豊かな地球環境を源泉にして、快い時間が十分に生み出された。わたしたちは幸福を得てきた。間違いなく、幸福共同体の一員だった。ところが、温暖化による異常気象で幸福を失い、災害という不幸を被《こうむ》るようになった。

それはほかでもない、一員として地球環境を守るための投時を多くの人がしないからではないか。しかも、最も大きな不幸を押しつけられるのは現在の子どもと、まだ生まれていない未来の子どもではないか——彼女の悲痛な訴えは、「行動しそこない続けた」多くの人々を捉えた。

互いの理解や信頼でつながる幸福共同体は、現在を生きる人だけで成り立っているのではない。過去と未来の人たちも理解と信頼でつながる。もし現在人が、過去人からすばらしい地球環境を相続しながら、守るための投時を怠り、未来人から不信任を突きつけられるようなら、幸福共同体のメンバーの資格はないかもしれない。

トゥンベリはサミットへの参加に当たり、欧州からニューヨークまで8時間ほどで到達する航空機を利用しなかった。温室効果ガスを大量に排出するからだ。代わりに太陽光などで航行するヨットに乗り、航空機の42倍の約2週間（約３３６時間）をかけてニューヨーク入りした。効率的でなく便利でもないけれど、地球環境をなるべく傷つけない、守るために時間を十分に投じた。

ヨットの旅は、たくさんの時間を投じることで、地球環境がもたらす幸福を維持するための行動だ。こうした投時を、欧米では「時間の投資」と呼ぶようだ。

トゥンベリは演説で「永遠に続くおとぎ話」にたとえて、経済成長をひたすら目指す経済社会を批判した。演説のために欧州と米国を往復する際、お金を使った便利で楽な、時間も短縮できる航空機を使わなかった。多くの時間を必要とする便利でない、苦労も多いヨットを選んだ。理由は、地球環境を源泉とする幸福を守りたいから。お金本位の経済社会は、この少女のために便利で地球環境にやさしい交通手段を提供できなかった。

そもそも、便利さは地球環境による幸福を損《そこ》なうのか。新明解国語辞典によると、便利とは「それを使う（そこにある）ことによって、何かが都合よく（楽に）行われること」。字通では「敏捷に事を処理する」とあり、時間があまりかからないという時短の意味も加わる。

確かに今どきの生活のインフラであるその名も便利店、コンビニエンスストアは、手間や時間をかけずにあらゆる商品をお金で楽に手に入れられる。しかし、この便利さがほどほどを超えて過剰になると、大きな問題が生じる。

プラスチックごみの末路

地球環境では近年、海洋プラスチックごみ問題が深刻化している。２０１９年、大阪で開かれた20ヵ国・地域首脳会議（G20大阪サミット）が議題にしたのが、海洋プラスチックごみの削減だ。協議の末、目標として２０５０年までに海洋への流出をゼロにすることで合意した。

同じ時期に開かれたエネルギー大臣・環境大臣合同会合では、元国連大学上級副学長で地球環境戦略研究機関理事長の武内和彦《たけうちかずひこ》が、具体的な対応策を提案した。「海のごみは地球環境問題の一部で、解決のため陸の人が生活を根本から改めることが必要。従来の便利すぎる社会を見直したほうがいい」と提案をめぐり語ってくれた（2019年に筆者がインタビュー）。

日本でプラスチックはどれほど使われ、ごみになっているか。環境省によると、プラスチック廃棄物の量は2013年段階で年間940万トン。このうち約4割の368万トンが容器包装だ。日本人1人当たりの使い捨てプラスチック容器包装の廃棄量は、世界で2番目に多い。

確かに、コンビニ店の商品は必ずといっていいほどプラスチック容器で包装されている。便利な買い物をするほど、プラスチックのごみが増えてしまう。プラスチックごみ問題の深刻さもたぶん、日本は世界屈指だ。

2019年の政府のプラスチック資源循環戦略は「プラスチックほど、短期間で経済社会に浸透し、我々の生活に利便性と恩恵をもたらした素材は多くありません」と持ち上げている。日本の経済成長と便利な経済社会はプラスチックが支えてきた、といえないか。これと引き換えのようにして地球環境が汚れ、みんなの大きな見えにくい幸福を減じている。

「プラスチックごみを減らす対症療法以上に、生活者のライフスタイルの変革が求められています。物質でなく心が豊かで、人の体も地球も健康になる社会を目指すのです」と武内は強調する。お金よりも、時間を投じることを大切にするような昔ながらの地方の文化、伝統、暮らしに新しいライフスタイルのヒントがあるはず、とも付け加える。

お金を使って幸福実現の源泉である商品を買い求め、ひたすら物質的に豊かになり、もっと幸福を実現しようとするこれまでの社会は、もう通用しそうもない。経済成長が引き起こす弊害を防ぐためにも、わたしたちは真水時間をボランティア活動などに投じて、幸福実現の源泉をつくり守ることができる。お金本位からの大転換「時間革命」が求められる。

「半分の便利」でいい

実は地球の健康のための時間革命が、環境保護のボランティア活動とは別の文脈で強く求められた。１９７４年、早朝から深夜まで営業する日本初のコンビニ店が産声を上げて以降、コンビニ各社は競うように全国に出店し、計５万店を超えるまでに普及した。24時間営業も当たり前になった。こうした順調な成長、発展の軌跡も、店を支える従業員の長時間労働、命と健康の問題をきっかけに岐路に差しかかった。

「『進むも地獄、退くも地獄』とは2年前、コンビニ店の廃業を決断した時の友人の言葉である」（朝日新聞２０１９年６月23日）。これは58歳のアルバイト男性から寄せられた投書だ。開店当時は繁盛したが、近所に競合店が登場して大幅な売り上げ減に。「３６５日24時間営業も寄る年波には勝てず、友人の体力と気力を奪っていった。（中略）誰かの犠牲の上にあ

る便利さには疑問を抱く」（同）

24時間営業の店では、人手不足で店の働き手が見つからず、店長やその家族が連日のように長時間労働を重ね、店を支えた。いわゆる過労死ラインを大きく超過するような長時間労働と恒常的な睡眠時間不足をコンビニ店員に強《し》いて、犠牲にして「便利さ」が実現していた。そうした過酷で理不尽な現実を突き付けられ、消費者は大きな衝撃を受けた。

新聞の投書欄で、54歳の会社員は「午前7時から午後11時までの営業時間でも、消費者にとっては十分にコンビニの役割を果たしている」とし、24時間営業の見直しを訴えた（朝日新聞２０１９年３月13日）。66歳の会社員は「私たちが、24時間じゃなくていい、品切れがあってもいい、店長さんも幸せになれる『平分の便利』でよしとすれば、ブラック体質の業界も変わる」と提言した（同）。

毎日新聞が２０１９年３月に実施した全国世論調査で、コンビニの24時間営業を「見直すべき」と答えた人は79％を占め、「見直さなくてよい」はわずか７％だった（毎日新聞２０１９年３月18日）。

24時間営業をやめ、深夜から未明まで店を閉めるという営業に切り替える時間変革の波が、コンビニ店に及んでいる。こうした動きが広がるほど、消費者にとって便利さが減り、幸福が減るかもしれない。消費も減り、店の売り上げも減るかもしれない。

でも午前2時、３時に買い物ができる便利さが、もともと余分な便利さだとしたら？——消費者の幸福はさほど下がらないのではないか。

それどころか、あらかじめ消費者が閉店前に買い置きしたらいいだけだ。

社会学者のジャン・ボードリヤールが指摘した通り、お金本位の経済社会では「過剰や余分を消費する」習慣が根強い。その異常さや多くの悪影響に対してわたしたちはついつい鈍感になってしまう。

１８５０億時間の行方

国連の世界幸福度報告やＯＥＣＤの「より良い暮らし指標」でも明らかなように、幸福を実現してくれる源泉はお金だけではない。健康はもちろん、社会的なつながりや住環境、教育など、欠けていい幸福の源泉なんて一つもないように見える。

たとえば、健康づくりを怠り、命を危うくする大きな不幸は、多少のお金を稼いで得られる幸福で補い切れることではない。あるいは、体を鍛えて健康になり幸福になっても、いい人間関係を築かずに社会的なつながりを欠いたのなら、これまた大きな不幸だ。生きがいを持つのが難しくなるかもしれない。健康長寿もままならない。第2章で取り上げた長野県健康長寿プロジェクト・研究事業の成果からも容易に想像できる。

幸福にはいろいろな種類があり、その中には豊かな平和や健康や社会的つながりなど、人が生きるために必須の幸福がある。幸福な人生のためには、さまざまな幸福をまんべんなく実現するように時間を投じたほうがよさそうだ。**健康のために偏食を避けなければいけないのと同様、バランスのいい幸福を得られるように投時するのが一番だ。**

幸福をバランスよく得るのは、わたし個人の目標にとどまらない。わたしたちの社会、幸福共同体の目標にもなるはずだ。もし社会が、経済的な幸福にばかり重きを置き、それに従って人々がもっぱら経済活動に時間を投じたらどうなるか？　長時間労働で過労死はなくならず、学んで自分を高める時間は限られ、人と人の絆も弱々しいまま……。さまざまな幸福が、実現しないことになる。

国連の推計では、２０１９年の世界人口は約77億人。単純計算で約１８５０億時間が毎日毎日、この地球上で投じられる。これだけの時間、適切にバランスよく投時されれば、人類はもっとみんなでバランスよく幸福になれる。

コロナ禍時間の投時

２０２０年、新型コロナウイルスの感染拡大で外出自粛や在宅勤務が強く求められた。その結果、消費も生産も大きく落ちこみ、経済活動は大きく縮小した。世界同時の「コロナ不況」の中で、多くの人が所得を減らす。お金による幸福を手にできず、不安など心に良くない時間でいっぱいになる。不幸にもつながってしまう。

お金は減りながら、逆に増えるのが自由時間だ。NHK放送文化研究所が行った国民生活時間調査（2015年）によると、日本人が平日、自宅と職場を往復する平均の通勤時間は約1時間19分。在宅勤務になると、この1時間余りを通勤のために投じなくていい。ほかの活動のために自由に投時できる。

仕事以外でも外出を控え、自宅にいなければならない。どこかの店に集まっての宴会とか、家族・友人と遠出の観光なども我慢し、あきらめるしかない。これらに必要な時間も自由になる。

コロナ禍でたくさんの自由時間を得たら、みんなはどんな活動に投じるのか。新聞には、お金要らずの真水時間の投時例が紹介されている。

62歳の三好一彦は、中学生のころに洋楽にはまったが、英語で歌うと家族にからかわれ、ずっと挫折していたという。外出自粛を機に一念発起、「1960〜70年代の洋楽を歌う練習を始めた。（中略）コロナが終息したら、父母を英語の歌で驚かせたい」と意気込む（朝日新聞2020年4月22日）。

44歳の和田由紀子は「いくつかの古い植木鉢の土をふるいにかけ、再生材とあわせてよみがえらせてランを植え替えました」と報告。残念ながら今年は咲かなかったのだとか。「来年は咲くといいな」と期待を膨《ふく》らませる（読売新聞2020年4月12日）。

気軽に外出できず、友だちにも会えず、自宅にこもらざるを得ない中で、真水時間を投じて英語の歌で家族を喜ばせたり、ランの花を美しく咲かせたりする未来の時間を想像し、そして微笑む……。外出できないことで快い時間を失っても、未来の幸福を今現在ちょっと先取りし、多少なりとも幸福度の補充ができるなら、それはうれしい。

「連帯」を実現

新型コロナウイルスの感染拡大で失われた幸福は、経済に関することだけではない。社会的つながりによって実現する幸福が、制限されてしまう。自宅待機が求められれば、友人・知人との小さな宴会はおろか、大勢で音楽を聴いたり、演劇を観たり、落語で大笑いしたりするのは叶わない。

ご近所の人たちと立ち話、おしゃべりするのもダメだ。社会的つながりやコミュニティーを築き、文化をつくり守ろうと投時する機会が大きく失われてしまう。

ずっと当たり前のように行われていた人間関係づくり、社会的つながりを守るための方法は、コロナ禍の中では通用しない。親しい人たちと会って話をして時間を共にする、総有する。そんなささいな時間がどれほど幸福か、見えにくい幸福だったかを痛感することになる。「ああ、幸せだったんだ」と。

１９１８年から19年にかけてのスペイン風邪の流行では、世界中で5億人以上がインフルエンザウイルスに感染し、死者２０００万人を超える犠牲者を出した。この未曾有《みぞう》のパンデミック（世界的大流行）で実施された感染予防の主な対策は、感染者の隔離と外出禁止など。1世紀前も感染症のせいで、総有による幸福が制限された。

ただし、１００年前と違うのは、今のわたしたちはインターネット通信のおかげで手軽に、ほとんどお金をかけずに社会的つながりを持てる点だ。文字によるおしゃべり（チャット）や声のやりとり、画面に相手の顔を映しながらの会話さえ可能だ。スペイン風邪のころの先人たちが知ったら、どれほどうらやむことか。

情報のインフラは常の当たり前になっているから、ありがたさが見えにくい。けれども、感染症の流行期でさえ、おしゃべりの真水時間の総有ができるようにし、心に良い時間を十分に生み出してくれる。実際の対面の場合とは勝手が違うかもしれないが、とにかく幸福が実現する。

インターネットという情報インフラは、夢のような幸福の源泉を人類がつくり出すのに、大きな支えになる。環境活動家グレタ・トゥンベリが地球環境の保護のためにネットを通じて国際社会に訴え求めたこと、それは「連帯」だ。

新型コロナウイルスの感染を防ぎ、わたしたちの健康と命を守るには、みんなが連帯して外出を控えなければいけない——人々はそう感じ、理解した。実際に、こぞって「自宅から出ない」という時間を連帯して投じた。

多くの繁華街や駅で人混みが消えた。そうした連帯時間で感染が縮小したという成果が、世界中からネットを通じて発信され、共有され、人類の連帯、絆がさらに強まる。当然、見えやすいみんなの幸福を享受できるようになる。

連帯は「二人以上の人が協力・提携して事に当たること」(新明解国語辞典)。協力、力を合わせるために、ネットが人と人と人と……をつなぐ。励まし合い、慰め合いながら社会が世界が連帯した。２０２０年は世界の連帯時間が実現したとして記憶されるだろう。

人類の連帯という、最も実現困難な幸福の源泉が実際につくり出された。しかも、外出自粛による連帯は、お金を使わずに真水時間だけでできてしまう！

核兵器廃絶を訴える原水爆禁止世界大会が２０２０年4月25日、インターネット上で開かれた。国連軍縮部門トップの事務次長の中満泉《なかみついずみ》は、コロナ禍で実現した連帯を引き合いに出して希望を語った。

「さまざまな社会が手をつないで連帯する機会にもなっている。分断と困難を乗り越え、核兵器廃絶という目的に達する努力を進められるよう祈っています」（朝日新聞2020年4月27日）。人と人が実際に対面することで実現する幸福は手にできなくても、代わりにみんなと連帯することで実現する奇跡のような大きな幸福を、みんなで得ることができるかもしれない。

大林宣彦のまちまもりの映画

みんなの大きな幸福の実現のため、その源泉が経済社会らしくお金本位でつくられる場合がある。その典型がまちおこしだ。広辞苑によると、まちおこしは「活力を失った町を活性化させること」。主に経済の活性化を目的にするまちおこしという開発が、各地で推進された。

そうした風潮に異を唱《とな》えたのが、映画作家の大林宣彦《おおばやしのぶひこ》だ。経済的に地元が潤《うるお》うためのまちおこしでなく、暮らしの中の昔ながらの文化を大事にする「まちまもりの映画」を世に送り出した。自身の故郷・広島県尾道《おのみち》市を舞台にした「転校生」「時をかける少女」「さびしんぼう」では、尾道の古い坂道や路地、昔ながらの神社を慈《いつく》しむように丁寧に映し出した（20

02年に筆者がインタビュー)。

「戦後の日本は開発という名の破壊によって、心のひだを壊していった。経済優先のまちおこしで、文化をなくした。私は故郷であえてこのひだを撮り続けた。これが私のまちまもりです」

「汽車を待つ君の横でぼくは」の歌い出しでおなじみのフォークソング「なごり雪」(伊勢《いせ》正三《しょうぞう》作詞・作曲)は、経済成長期の東京に残る「ぼく」と故郷に帰る「君」の別れを描く。大林が同名の映画を製作し、2002年に公開。映画の舞台になったのは、まちづくりを否定し、いにしえの町並みを大切に守り続ける大分県臼杵《うすき》市だ。

ある日、地元の人から「街灯も満足にない田舎だから」などと話を向けられた大林は、「夜、まん丸い美しい月を撮影できたのは、臼杵の夜道が暗かったからですよ」と笑顔で返し、まちまもりを褒《ほ》めたという。

「高度経済成長以降、『不便』を否定し、日本人は物質文明やお金第一の風潮の中で、戦争でも破壊されなかった文化を自らの手で壊してきた。経済成長に邁進《まいしん》した結果が今の日本の荒廃です。でも、地方で映画を撮ると、きれいな空気とか温かい人情とか、普段は気にしない町の良さに気づかされます」と話してくれた。

郵 便 は が き

切手をお貼りください。

102-0071

東京都千代田区富士見一―二―十一
KAWADAフラッツ一階

さくら舎 行

住 所	〒 都道府県		
フリガナ		年齢	歳
氏 名		性別	男 女
TEL	( )		
E-Mail			

さくら舎ウェブサイト www.sakurasha.com

愛読者カード

ご購読ありがとうございました。今後の参考とさせていただきますので、ご協力をお願いいたします。また、新刊案内等をお送りさせていただくことがあります。

【1】本のタイトルをお書きください。

【2】この本を何でお知りになりましたか。

1.書店で実物を見て　2.新聞広告(　新聞)
3.書評で(　)　4.図書館・図書室で　5.人にすすめられて
6.インターネット　7.その他(　)

【3】お買い求めになった理由をお聞かせください。

1.タイトルにひかれて　2.テーマやジャンルに興味があるので
3.著者が好きだから　4.カバーデザインがよかったから
5.その他(　)

【4】お買い求めの店名を教えてください。

【5】本書についてのご意見、ご感想をお聞かせください。

●ご記入のご感想を、広告等、本のPRに使わせていただいてもよろしいですか。
□に✓をご記入ください。　□ 実名で可　□ 匿名で可　□ 不可まちまもりのおかげで、ネオンサインや街灯などの便利な光がないなら、引き換えに夜間に冴え冴えと輝く月やきらめく星々を眺め、快い真水時間を十分に得ることができる。

でもそれが日常になり当たり前になると、過去から営々と投じられてきたたくさんの真水時間のおかげで実現している「月や星が美しく見える幸福」でさえ、見えにくくなってしまう。そんなとき、お金による便利な新しい魅力いっぱいの幸福に手招きされたらどうするか？　見えにくい幸福は、お金でつくられる便利さに脅《おびや》かされている。

まちまもり映画は、みんなでずっと守ってきた幸福がいかに大きいか、見えるようにしてくれる。見えるようになった人たちの投時によって、多くの大切なみんなの幸福とその源泉が守られる。

ハッピーロスを減らすには

人類全体や地域社会はともかく、わたし個人の幸福の減少、ハッピーロスを減らすにはどうしたらいいか。その答えのヒントが小説『星の王子さま』（前出）にある。

あるとき王子は、薬売りに出会う。商品は、週に1粒飲めばのどの渇きがなくなる丸薬《がんやく》。「一週間に五十三分、倹約になる」のが薬効だという。節約した時間をどう使うのかと問う王子。薬売りは「したいことをするのさ」と気のない返事だ。お金を使って時間を節約するくらいなら「どこかの泉のほうへ、ゆっくり歩いてゆくんだがなあ」と王子は心の中でつぶやく。

お金を使って便利な商品をそろえれば、時短で楽な暮らしになりそうだ。でも、そうして節約できた時間で、いったい何をするのか。実際はその時間で、丸薬代を稼ぐための仕事をしなければならないのではないか。そもそも、のどを潤しに泉まで行くのをいとわないなら、丸薬を買う必要はない、お金も要らない、その分を稼がなくていい。

労力を惜しまず働いて稼いだお金で便利に、時短で楽に幸福になるのと、心身ともに労力を惜しまずに十分な真水時間を投じて幸福を得るのと、どちらを選んだらいいか。それぞれに苦労と快さの両方が含まれているようで一長一短、幸福の差はほとんどないように見える。どちらを選ぶかは考え方次第だ。

お金本位の経済社会では、薬売りの言葉に従って前者を選びがちだ。でも、幸福を基準に、時間本位で考えたらどうなるか。

幸福の大きさに差がないなら、王子のように後者を実行するのも大いにありだ。まして、真水時間を投じてゆっくり歩くことを楽しめば、心に良い時間が十分に生み出され、泉に至る過程で幸福になるというおまけの恵み付きだ。

世の中には、見えやすい幸福と見えにくい幸福がある。ところが世界は広いもので、まったく知られていないような幸福があるようだ。そういう幸福を探検家精神で探し出し、創造さえしてしまう人がいる。その一人が女優の常盤貴子《ときわたかこ》。著書『まばたきのおもひで』（講談社）は新種の幸福ぞろいのエッセー集だ。

「雨降り吉日」と題するエッセーは、便利生活の利器である携帯電話を雨の日に水没させた逸話《いつわ》を紹介する。専用店で相談し、新しい機器と交換してもらうことになったのだが、これまで使っていた携帯電話に保存していた連絡先や思い出の写真などのデータを保存する作業をしないと、すべてが消えてしまう。

常盤が選んだのは、データを捨てることだった。「過去を捨てた女」の生活は清々《すがすが》しく、これまで以上に「その人との縁にロマンを感じ、より大切に、愛おしく思えたり」するようになったという。

考え方の大胆な転換をすれば、オセロゲームで石の白黒を引っくり返すくらい簡単に、不幸を幸福に変えられるのかもしれない。

エッセーという形で自分の活動時間やその中で感じたこと、それに対する評価を記録するのは、常盤にとって「自分を見つめ直すきっかけになる」という。『『そうか、自分ってこう考えているんだ』とクリアになり、同じことが起きても、同じような状況で同じ人に会っても、見る目が変わってくる」と話してくれた（2014年に筆者がインタビュー）。

時計簿を記録する際、エッセイストの創造的なおもしろがり精神も取り入れたほうが良さそうだ。第一、時計簿を記録するのがますます楽しくなる。

幸福の台帳をつくる

幸福時間方程式や幸福の多層構造、過去と現在と未来をつなぐ幸福共同体、見えにくい幸福、幸福のための源泉づくり、新しい幸福の創造、そして連帯などなど、さまざまな幸福のつかまえ方を紹介してきた。こうした幸福の特徴を頭に入れ、自分が投じた時間とその幸福度を時計簿に記録することになる。

間違いなく、時計簿はさまざまな幸福でいっぱいになる。だから、時計簿は人生の幸福の台帳でもある。

時計簿は、心に良い時間を生むための道具だ。幸福は心という器に快い時間が十分にある、あるいは増える状態のこと。「心」はわたしの心なのだから、まずはわたしの主観で評価することになる。

「良い」も人それぞれ。何にどれだけ時間を投じたらどれだけ快いのか、幸福になるのかが記録されている時計簿を見れば、わたしはどんなことで幸福になるのか、その傾向がわかる。

幸福追求者であるわたし自身をもっと知ることができる。

そして、なんといっても幸福台帳なのだから、「わたしはこんなに幸福なのか」とつくづく、改めて感じるきっかけになる。お金を使わずに、真水時間でこれだけ幸福な人生時間を生み出せるのか、とうれしくなる。

時計簿でわたしの時間と幸福を記録するのは、人生を写生するのと同じだ。新明解国語辞典は、写生について「もと、生物を写す意」とし「自分の目で見た物を、その物に近いと他の人が素直に受け取るような形で写すこと」と説明する。さらに、「生命の動きを写すこと」と付け加える。ちなみに、写すは「移す」と同じ語源で、「もとの文書・絵の姿がそのまま現れるように書いたり描いたりする」ことだ。

時計簿は、わたしの生命の動きを写し取るものだ。日本画家の土屋《つちや》禮一《れいいち》は「時間とは命のこと。それを記憶し貯蔵するのが写生です」と話してくれた（２０１２年に筆者がインタビュー）。

人生の時間という命がうつされ貯蔵され、現れる時計簿は、単なる物ではない。わたしの分身だ。そこには、もう一人のわたしが息づくのかもしれない。

幸福に満ち満ちた時計簿は、記録したり眺めたりすること自体がとても楽しいし快い。分身のわたしと対話するのもおもしろい。持っていれば幸福になれそうな、お守りのようなものかもしれない。幸福を基準にした、快い時間がいっぱいの時計簿の記録の仕方を、次章で詳しく楽しく案内したい。

第4章　自分の「時《じ》計《けい》簿《ぼ》」をつくる

何のための時計簿か

時計簿《じけいぼ》は、わたしが投じ生み出した時間と共に、どれくらい幸福だったかという幸福度を記録するための台帳だ。時計簿はわたしの現在、過去、未来の幸福でいっぱいだ。

時計簿がなければ、ほとんどの時間は幸福とのつながりが切れ、投じられ捨てられるだけだ。これらの時間を幸福度と共に時計簿に記録し、捨てずに見直すことで、「使い捨てにするような時間も幸福につながり、実現する力がある」と気づく。ごみ同様の扱いをしていた無価値な時間が、価値のある、恵みのある時間に変わる。時間が貴重な資源になる。

時計簿に記録する項目は、主に4つ。時刻、時間（量）、活動内容、幸福度だ。補足として、それぞれの活動に関するコメントを書き添え、お金を使ったら金額もメモしておく。後々、時計簿の内容をいろいろ調べる際に役立つ。あれこれ文章を書く日記より手軽だ。

ノートに表をつくり、時刻や活動内容などを記録していく。そして、どれくらいの幸福度かを忘れないうちに記す。パソコンやスマートフォンで表計算ソフトを使ってもいい。

136～137ページに「時計簿」の書き方の例を入れてみた。

たとえば、筆者の時計簿の中にこんな一日があったとする。

【ある日の時計簿】

※「サバ凪《なぎ》パン」は缶詰のサバを用いたトースト。マンガ「凪のお暇《いとま》」に登場するグルメの応用形

0時00分〜7時00分、7時間、睡眠、☆☆（熟睡できた）

7時00分　起床

7時00分〜7時35分、35分、朝食、☆（サバ凪パン、ヨーグルト、牛乳）

8時15分〜9時00分、45分、通勤、★（満員電車）

9時00分〜12時30分、3時間30分、仕事、☆（新しい出会い）

12時30分〜13時30分、1時間、昼食、☆☆★（和食、朝刊、記事切り抜き、７００円＋１５０円）

13時30分〜18時00分、4時間30分、仕事、★★（業務上のトラブル）

18時00分〜19時00分、1時間、通勤、☆（1駅分徒歩、乗客と席譲り合い）

19時00分〜19時10分、10分、買い物、☆★（サラダ、食パン、牛乳、エコ袋利用、１０００円）

19時20分〜20時10分、50分、夕食、☆（サラダ、お茶、桜もち、ニュース番組）

20時10分〜21時00分、50分、風呂、☆（ゆっくり）
21時00分〜22時30分、1時間30分、自由、☆☆（おしゃべり、お茶）
22時30分〜22時40分、10分、自由、☆（町猫遊び）
22時40分〜23時10分、30分、自由、☆（電子メール）
23時10分〜23時40分、30分、自由、☆（インターネット、時計簿1日まとめ）
0時00分　就寝
本日＝☆計15、✪✪✪

幸福度を白星☆でカウント

各活動時間の白星「☆」は、三つ星「☆☆☆」が満点の幸福度評価だ。

「ゼロ」は快《こころよ》い時間が十分ではなかったことになる。

黒星「★」は不幸度で、不快な時間が心という器に十分になったときの評価だ。

最悪の不幸は黒い三連星「★★★」。

丸の中に☆印の「✪」は平和や地球環境、家族など見えにくい幸福のためにどれだけ貢献できたかを「✪✪✪」満点として1日ごとに評価した結果だ。

丸カッコの中には、コメントや各活動時間で使われたお金、費用などを書き添える。

筆者の【ある日の時計簿】の幸福度は、☆合計15だ。平均約1時間36分当たり☆１つの割合で、かなり幸福な一日ということになる。主な活動の種類別で☆の数と、☆１つを実現するのにどれくらいの時間が投じられたか比べると、次のようになる。

睡眠　計7時間で☆☆、１つ3時間30分
食事　計２時間25分で☆☆☆☆、１つ36分
仕事　計８時間で☆、１つ８時間
風呂　計50分で☆、１つ50分
自由　計２時間40分で☆☆☆☆☆、１つ32分

時計簿を実際に書きこんでみると、自分自身の時間の特徴に気づかされる。この時計簿の当事者、つまり筆者にとって、食事や自由、風呂が最も効率的に、少ない時間で幸福を実現することがわかる。時計簿を付けたらぜひ、この計算を行うようお勧めする。

ただし、食事には食費がかかり、夕食後にお茶を飲み、桜もちに舌鼓《したつづみ》を打つにも１５０円程度がかかる。☆一つ当たり平均約1時間36分であるのに対して、この日の食事や自由が30

	1日の出費	☆合計	★合計	見えにくい幸福		
	¥850	6	4	☆		

	活動時間	使用金額	幸福度		
	7:00		☆	☆	
	0:35		☆		
	0:45		★		
	3:30		☆		
	1:00	¥850	☆	☆	★
	4:30		★	★	

時計簿の書き方例

２０○○年○月○日　　　　（金）

開始時刻	終了時刻	活動内容 / コメント
0:00	7:00	睡眠（熟睡できた）
7:00	7:35	朝食（サバ缶パン、ヨーグルト、牛乳）
8:15	9:00	通勤（満員電車）
9:00	12:30	仕事（新しい出会い）
12:30	13:30	昼食（和食、朝刊、記事切り抜き）
13:30	18:00	仕事（業務上のトラブル）

分ほどとかなり効率的だ。それはたぶん、お金を使ったりしているからだ。

この点、睡眠は布団や寝間着などの一時的な費用は発生するけれど、毎日の活動は真水《まみず》時間を投じるだけ。お金なしの3時間30分ごとに☆1つが実現するなんて、かなりの恵みだ。

幸福追求者として、むやみに睡眠を削って幸福を減らすことは許されない。減らしすぎれば健康を損《そこ》ない、見えにくい幸福を失うのだから。

そうすると、睡眠7時間というのは十分なのか、少なすぎか。第1章で触れたように、15歳以上の平均睡眠時間は7・7時間（2011年調査）だが、7時間はやや短いといえる。改善策としては、23時10分以降のインターネットと時計簿の1日振り返りを半分の15分ほどで済ませてはどうか。

第1章で紹介した睡眠研究者の白川修一郎の「夜間だらだらと起きていないで」という忠告通り、23時40分に床に就《つ》いたらいいかもしれない。起床も7時20分にすれば、睡眠は7時間40分になる。なんとか平均の、人並みの眠りだ。こんな生活時間の診断をし、改善を考えられるのも、時計簿を記録していればのことだ。

不幸度の黒星★も気分転換につなげる

不幸度★は合計5だ。

8時15分〜9時00分、45分、通勤、★（満員電車）
12時30分〜13時30分、1時間、昼食、☆☆★（和食、朝刊、記事切り抜き、７００円＋１５０円）
13時30分〜18時00分、４時間30分、仕事、★★（業務上のトラブル）
19時00分〜19時10分、10分、買い物、☆★（サラダ、食パン、牛乳、エコ袋利用、１０００円）

朝の満員電車で通勤する時間は苦行の旅、「痛勤」だ。不幸度が★1つ。そして昼食や買い物は、☆と★が並ぶ。これは、欲しい物を手に入れて十分に快い時間が生み出せる（☆）反面、同時にお金が減るという、心に良くない時間（★）を余儀なくされるからだ。

お金を使った消費は喜びだけではない、心への負の時間もともなう。

お金本位の経済社会の中でお金は、幸福を実現するための源泉だ。その源泉が干上がらないように、いつもいっぱいにするためにわたしたちはお金を稼ぎ、蓄える。増やしたお金を上手に費やして快い時間を十分に生み出せなければ、お金で幸福になれない。宝の持ち腐れだ。第1章で取り上げた「時間がなければあらゆることが無価値」法則は、ここでも有効だ。

大相撲で★（黒星）は負けを意味するが、時計簿でもできれば★は避けたい。でも、記録する利点はある。たとえば、幸福度と同様、どんな活動で心に良くない時間が生み出されるのか、自分の不幸の傾向が明らかになる。見える化できる。

不幸に陥らないための予防策を講じる手掛かりが見つかりそうだ。それに、不幸な活動時間を「★」と評価することで、落ちこんだ気持ちの清算、気分転換につながるかもしれない。もう一つの気分転換の道も開けてくる。長期間にわたり☆と★が記録された時計簿を目にすれば、「禍福《かふく》はあざなえる縄のごとし」は本当なんだ、と実感できるはずだ。

古代中国の歴史書『史記』から取られたこのことわざの意味について、日本国語大辞典は「わざわいが福になり、福がわざわいのもとになったりして、この世の幸不幸はなわをより合わせたように表裏をなすもの」と説明する。

『岩波ことわざ辞典』（時田《ときた》昌瑞《まさみず》著）は、ワラをあざなって縄をつくる手順を引き合いに解説する。「上になった藁《わら》は次の交わりで下になり、その次が上で、そして下、と交互に上下を繰り返してゆく。人間の幸せや不幸もこの縄の綯《な》い方と同じで、互い違いにやってくる（中略）不幸だと悲観ばかりしなくてもよいだろうし、幸福だからといって有頂天になってもいけない」

不幸に遭ったときに役に立つことわざは多い。筆者の【ある日の時計簿】にわかりやすい実例時間がある。

13時30分～18時00分、４時間30分、仕事、★★（業務上のトラブル）
18時00分～19時00分、１時間、通勤、☆（1駅分徒歩、乗客と席譲り合い）

仕事でトラブルがあり、心に悪い時間が満たされて中程度の不幸になった。気持ちが落ちこんだまま、帰りの電車の中で見知らぬ乗客と「どうぞ」「そちらこそ、どうぞ」と席の譲り合いになった。快い時間が増えた。気持ちは、幸福時間方程式によれば「幸せ」だ。心が凹んでいなければ、席の譲り合いくらいで幸せを感じないかもしれない。不幸の影響でマイナス状態になったところで、ちょっとしたうれしい出来事に遭えば、たちまち心が快くなってもおかしくない。

第3章で触れたように「苦しかったり悲しかったりした時間が続くと、心に良い時間を渇望する」ようになる。そして、積極的に快くなろうと投時すれば、確かに不幸から幸福が生まれやすそうだ。

「ながら時間」をめぐって

時計簿では、投じた時間とともにその活動内容を記録する。ときに、同じ時間帯で2つ以上の活動内容を兼ねる場合がある。ある活動をしながら、同時に別の活動も実施する状態だ。いわゆる「ながら時間」で、筆者の【ある日の時計簿】でも確認できる。

12時30分~13時30分、1時間、昼食、☆☆★（和食、朝刊、記事切り抜き、700円+150円）

この1時間はまさに、ながら時間だ。前半でささっと食べ終え、後半で新聞を読んで、というふうに1時間を二分したわけではない。ご飯を食べながら新聞を読み、味噌汁をすすっては記事に視線を向ける。昼食と新聞読みが渾然一体。だから、食事時間でありながら、自由時間でもあったといえる。

おかげで、食事の喜びを新聞が倍加し、新聞をおもしろく読むことで食事がより楽しくなる、という相乗効果が生じる。そうして、☆が2つ付く結果になった。

第1章で案内した「世界一の朝食」と称されるレストラン「ｂｉｌｌｓ（ビルズ）」と同

じだ。雑誌や新聞を読みながら、友だちとおしゃべりしながら、この店自慢のスクランブルエッグやパンケーキを食べるのが当たり前。

「ゆったり朝食を取ってリラックス、リフレッシュしてもらいたい」とシェフ兼オーナーのビル・グレンジャーは話す。ながら時間の活用で、世界一快い時間を生み出せるのだとしたら、世界一幸福な朝になるのは間違いない。

ただし、ながら時間は取り扱い注意だ。ラジオを聴きながら教科書を読んでいて、「ながら勉強はやめなさい！」と家族からしかられた経験があるのはたぶん、筆者だけでないはずだ。「複数の作業を同時にこなすマルチタスクをしようとする」と、注意散漫によるトラブルが発生する恐れがあると警告するのが、米国の行動経済学者センディル・ムッライナタンと認知科学者エルダー・シャフィールの共著『いつも「時間がない」あなたに』（大田《おおた》直子《なおこ》訳、早川書房）だ。

二人はこの本の中で次のように指摘する。「電話会議を『聞きながら』メールをチェックしたり、夕食をとりながら携帯電話でメールを打ったりすることがある。そうすれば時間を節約できるが、代償がともなう。電話会議や夕食で何かを聞き逃したり、ずさんなメールを書いたりしてしまう」と。確かにありがちな失敗で、やはりというか、ながら仕事やながら勉強はなるべくやめておいたほうがよさそうだ。

それならなぜ、食事と自由時間の場合はながら、マルチタスクがお勧めで、仕事や勉強では禁じ手なのか。理由は、前者と後者の投時目的の違いにありそうだ。夕食中の仕事メールの場合は時間を節約するためだ。これに対し、ビルズの朝食時間はゆったり・たっぷりの快い時間の実現が目的だ。

心のままに

生活時間方程式でいうと、仕事や勉強は社会生活を営む上で義務的な性格が強い2次活動時間。限られた時間で一定の成果を挙げようとする。一方、食事は生理的に必要な1次活動で、消化不良を起こさないように十分な時間をかけるべきだ。読書やおしゃべりは必要でも義務でもない、自由自在な3次活動時間だ。自由は「自分の心のままに行動できる状態」(日本国語大辞典)。遊びのようだ。

20世紀のフランスの批評家ロジェ・カイヨワは著書『遊びと人間』(多田《ただ》道太郎《みちたろう》・塚崎幹夫《つかさきみきお》訳、講談社学術文庫)の中で、遊びの特徴の一つとして「生産的でない」ことを挙げている。「財産も富も、いかなる種類の新要素も作り出さない」とし、お金とは無縁であると断言する。その上で、「肉体的または知的な何らかの能力を、強化し鋭敏にする。はじめはむずかしく骨の折れたことを、遊びは楽しみと粘り強さを通じて、容易にしてくれる。（中略）人生全体への案内役を果たしている」と説き起こす。遊びに投時し、わたし自身を投じることで、自分の心身が鍛えられる。過程の時恵を得られる。

生産的とは「有効な結果が期待されるさま」（日本国語大辞典）を意味する。達成しなければならない明確な結果、成果というものが、非生産的な遊び時間にはない。心のまま、時間の節約なんてしなくていい。のんびり幸福になっていい。

非生産的でお金にならない、お金が要《い》らない時間は、お金本位の経済社会では無意味なことみなされがちだ。おしゃべりの時間や猫と戯《たわむ》れる時間、テレビのお笑い番組を見る時間を一つ一つ大事に記録するなんて無意味と鼻で笑われそうだ。でも、こうした遊び時間で幸福が実現するとしたら、恵みが得られるとしたら……。**幸福の視点で見れば本来、人生に無意味な時間なんてないのではないか。**

ちなみに、遊びは生産的でなくお金と無関係だから、経済社会では軽視されがちだ。でも、ばかにしてはいけない。遊びのような時間がいかに特別であるかを、神と人間との関係で説き起こしたのが漢字学者の白川静だ。

漢字一つ一つの起源を、中国古代の甲骨文まで遡《さかのぼ》り明らかにした白川静の『字通』によると、「遊」は「氏族霊の宿る旗をおし建てて、外に出行することをいう字」が元になっている。

日本の遊びの原風景について、白川は著書『文字講話』（平凡社ライブラリー）で「遊ぶというと、今は仕事をせず、無為にして時間を費すように使っておりますが、本来はそうではない。遊ぶこと、本当に遊ぶことのできるのは神だけである。人が遊ぶときは、神とともに遊ぶ。祭という儀礼を通じて、神と一体になって遊ぶ」のだと強調する。

白川は「学びは最高の遊び。ひたすら書物を読み、新しい知識が増えることにまさる楽しみはありません」と語った（1997年に筆者がインタビュー）。書物は、白川にとって良き対話の相手だ。本と対話して学ぶことは、神と遊ぶのと同じだ。だとしたら、誰かとおしゃべりして学んで知恵を得る時間もまた、神と遊ぶ崇高《すうこう》な時間と近いかもしれない。

☆マークで見えにくい幸福の見える化

時計簿は、お金に関係する時間と、お金要らずの真水時間でできている。睡眠以外にも、真水時間の中で幸福度を向上させている活動がある。おしゃべりと猫遊び、時計簿の1日まとめだ。

21時00分〜22時30分、1時間30分、自由、☆☆（おしゃべり、お茶）

家族や友人、知人と対面あるいは電話、ＳＮＳでおしゃべりする1時間30分は、真水時間だ。茶葉と水道、湯沸かしのためのガス代を合わせて50円ほどがかかったとしても、真水時間であることに変わりはない。なぜなら、お茶はあくまでも脇役で、主役であるおしゃべりの真水時間を引き立てるものだから。

おしゃべりは真水時間の総有であり、遊ぶような時間だ。それは楽器で音をやりとりするアンサンブルと似ていて、撮る人と撮られる人がおしゃべりしながら撮影する幸福写真のようでもある。そんな快く楽しい、神と遊ぶ芸術のような時間が満ち満ちて、いっぱい幸福になる。

こうした、おしゃべりの幸福実現力を時計簿で目にすれば、毎日の暮らしの中でなるべくたくさん楽しい会話をし、快い真水時間を生み出そうと思うものだ。

総有であれば、のどかで居心地のいい入会地のようなちっちゃなコミュニティー、家族や友だちのいい連帯がつくられる。こうしたかけがえのない人間関係は、幸福を実現するための源泉になる。ただ、常のことになり慣れてしまうと、見えにくい幸福に陥《おち》いる。見えにくい幸福を見えるようにするのが時計簿だ。

見えにくい幸福を見逃さないようにしてくれる時計簿ならではの取り組みが、⍟の数による評価だ。就寝前に時計簿でその日を振り返り、見えやすい幸福を支えてくれた見えにくい幸福を見つけ出し、「⍟⍟⍟」満点で評価する。

本日＝☆計15、⍟⍟⍟

☆計15の土台になった見えにくい幸福を挙げようとすれば、地球環境をはじめ平和、治安、家族、定収入などに思い当たる。ファイト新聞が取り上げた電気や、囲碁棋士の謝依旻が指摘した交通網といった社会インフラも含まれるはずだ。

新型コロナウイルスの感染拡大を招かないための国や自治体の公衆衛生の取り組みも、見えにくい幸福だ。おいしい野菜を売っている店が近所にあるのも、町猫が元気に暮らせるコミュニティーの動物愛護の姿勢も、映画作家の大林宣彦が励ましたように夜の月が美しいのも、みんなみんなそうだ。

これらをすべて⍟で評価したら、いくつ並べても足りないくらいだ。こうして見えにくい幸福をあらためて確認し、一日の幸福を支えてくれたことに感謝して時計簿を置く。幸福感でいっぱいになり、心置きなく夢見る時間に向かえる。

地球環境や平和にも投時する

みんなの見えにくい幸福を享受する者は、その源泉である地球環境や平和などをつくり守るために時間を投時する必要がある。

手を抜き、ただ乗りする人が増えれば、平和はゆらぎ、地球環境は悪くなる。毎日の幸福が土台ごと崩れる結果を招きかねない。みんなの見えにくい幸福を守ろうと投時するのは、幸福共同体のメンバーにとって不可欠の責任だ。

19時00分〜19時10分、10分、買い物、☆★（サラダ、食パン、牛乳、エコ袋利用、１００円）

スーパーマーケットで買った食品を、持参した布製の袋に詰めて持って帰る。そうすれば、使い捨てのプラスチック袋を店から提供されずに済む。プラスチックのごみを減らし、地球環境を守るためのささやかな投時が、ここに記録されている。

見えにくい幸福は「みんなの大きな」場合もあれば、「わたしの小さな」場合もある。

8時15分～9時00分、45分、通勤、★（満員電車）
18時00分～19時00分、1時間、通勤、☆（1駅分徒歩、乗客と席譲り合い）
19時00分～19時10分、10分、買い物、☆★（サラダ、食パン、牛乳、エコ袋利用、1000円）

朝の通勤時間45分に対し、帰りは1時間で15分間も多い。これは、健康づくりのために1駅分を歩いているからだ。

帰路だけでも徒歩の真水時間を増やせば、健康増進という成果を得られる。それが快い時間の源泉になり、幸福を実現する。

これが常のことになり、当たり前になると見えにくくなる。でも、健康づくりを普段から心がけ、念押しとして時計簿に記録すれば、健康による幸福を見失うことはないはずだ。これが㊌㊌㊌の中に含まれている。

ちなみに、第2章で、真水時間は成果と過程の恵み「時恵《じけい》」をもたらすと説明したが、実際の時計簿でも確かめられる。

1駅分の徒歩に真水時間を投じれば、健康という成果を得る。さらに帰り道の途中、見慣れた町の魅力に気づいたり、見知らぬ町猫との出会いがあったり、散歩のような快い時間を生み出せる。過程の恵みも得られる。それが、☆1つにわずかながら含まれている。

小さな家事に名前を付けてみる

筆者の【ある日の時計簿】には、主な活動時間しか示されていない。1日24時間すべての活動が記録されているわけではない。実際は、各活動時間の合間合間に掃除や片付け、支度などの家事がある。これらを合わせると、実は2時間30分になる。

7時35分〜8時15分、40分、家事、ゼロ（片付け、支度、ミニ掃除）
19時10分〜19時20分、10分、家事、ゼロ（片付け）
23時40分〜0時00分、20分、家事、ゼロ（寝支度など）……など

家事時間の一部をこうして一覧にしてみると、家事のために1日24時間の1割くらいを投じている実態がわかる。しかも、一つ一つの家事時間帯は、細かな活動時間の集まりだ。朝の40分間の家事にしても、片付けやら出かける支度やら、目についたごみをささっと掃いたり拭いたり、といった数分間の作業のまとまりだ。

お金本位の経済社会で家事が見えにくいのは、無償だから、対価としてお金が支払われないからだと第1章で説明した。でも、理由はそれだけではなさそうだ。一つ一つの作業が細かい時間で生み出されていて、いちいち強く意識されることがなく、したがって評価されないのではないか。

こうした細々とした家事についてまとめた本が『やってもやっても終わらない名もなき家事に名前をつけたらその多さに驚いた。』（梅田《うめだ》悟司《さとし》著、サンマーク出版）だ。たとえば「この場所に間違いなく置いたはずのハサミが見当たらず、元に戻さなかった家族の顔がチラつく家事」などは、ほとんど誰もが経験しているはずだ。著者はこの家事を「文具迷子」と命名している。

このほか、スーパーに買い物に行って「どのレジに並ぶと早いか吟味《ぎんみ》する家事」は「レジ・セレクト」、家庭ごみを専用の袋に集めた上で「ゴミ袋の口をきつく閉めた後に新たなゴミが出て、きつく閉めたことを後悔しながらどうにか開ける家事」は「開閉地獄」。これらを含め計70の家事が紹介されている。

見落とされがちな小さな時間の家事に名前を付けてみる。名付けることで見える化するというのは名案だ。新選漢和辞典によると、漢字「命」には「いいつける」「いのち」などのほかに「名前をつける」の意味がある。名なしの小さな家事に「文具迷子」「レジ・セレクト」などと名付け、命名すればいのちが吹きこまれる、いのちが宿るようだ。

実際、小さな家事たちが命名のおかげで、とても生き生きとした活動時間に見えてくる。実際は面倒な作業のはずなのに、笑顔にしてくれそうな。幸福さえ実現するかもしれない。たとえば、ハサミが見つかって幸せとか、ハサミを戻し忘れた家族との生活の見えにくい幸福が見えたとか……。命名され、いのちを授かった小さな家事は、幸福の源泉になる。

普段の活動時間を過ぎるに任せれば、わずかに記憶に残る活動以外の時間は、名付けられることなく消えてしまう。そのまま捨ててしまうに等しい。いのちとは「人間や生物が生まれてから死ぬまでの、生存の持続」（日本国語大辞典）のこと。人生の時間の多くを使い捨てにするなんて、毎日24時間をただでもらえるとはいえ、実にもったいない。

時計簿に活動時間を活動内容とともに記し、幸福の評価をするのは、名付けと似ている。現在の時間を十二分に生かし、過去の時間を現在に再利用する方法だ。

生真面目はＮＧ

確かに、なんでもかんでもささいな活動も時計簿に書き付けることは可能だ。でも、こだわりだしたら、いくら真水時間を投じても切りがない。こうした活動時間まで一つ一つ漏《も》れなく時計簿に記録するのでは、あまりに手間がかかりすぎる。
そもそも、ある活動から次の活動に切り替え、つなぐにも、数分程度の「つなぎ時間」が入り用だ。筆者の【ある日の時計簿】の朝の通勤時間は、会社に到着して0秒で仕事を始めているが、そんなこと実際は不可能だ。

8時15分〜9時00分、45分、通勤、★（満員電車）
9時00分〜12時30分、3時間30分、仕事、☆（新しい出会い）

本当のところは、到着と始業の間に5分ほどの支度のためのつなぎ時間が投じられている。

8時15分〜8時55分、40分、通勤、★
8時55分〜9時00分、5分、支度、ゼロ
9時00分〜12時30分、3時間30分、仕事、☆

こうしたつなぎ時間をいちいち記録していたら、繁雑さは半端ない。簡潔にするために、自宅から会社までの通勤時間の中に支度（つなぎ）時間を織りこんで記す。

つなぎ時間は、時計簿の至る所に見えない形で盛りこまれている。すべて合計すれば、毎日軽く30分間は超えそうだ。１日24時間のわずか２％ほどだが、無視できない時間量でもある。見えにくいつなぎ時間もちゃんと想定して、時計簿を記録したほうがいい。

時計簿は真面目に「本気」（広辞苑）で取り組んだほうがいいけれど、生真面目になり、「まじめすぎて融通性に欠けること」（同）になっては快くなく、不幸を招きかねない。

結局、どの活動を記録して、どれを記録しないのか——そのさじ加減、時間を選別する絶妙な〝いい加減〟が求められる。

「一生トクする４つの知恵」

お金本位の経済社会には、お金を管理するための家計簿がある。わが家の、あるいはわたしの収入と支出などを記録し、お金の動きを見える化する道具だ。「気づかないうちに財布が空っぽ！」なんて冷や汗をかかないようにしてくれる、よき助言者だ。

このような家計簿も、さまざまな種類の商品が売られているが、特に優《すぐ》れものといえるのが、１８７３年生まれのジャーナリスト、羽仁《はに》もと子の原案による生活家計簿だ。

羽仁が家計簿を世に送り出したのが１９０４年。それから専業主婦を中心に普及し、家計簿を付けるコツ、活用方法などが見出されてきた。ことに、予算と決算という考え方を取り入れたのが画期的だった。

お金本位の経済社会でわたしたちが幸福生活をするためのお金の管理術、家計簿をめぐる知恵は、羽仁が夫とともに03年に創刊した雑誌「家庭之友」(現「婦人之友」)で紹介され、多くの読者に共有されてきた。

「婦人之友」2018年12月号で、家計簿歴50年という若松紀子が「家計簿で身につく一生トクする4つの知恵」を紹介している。

1つ目の「ムダな買いものが減る」は、本当に必要かを買う前にしっかりと検討するようになり、衝動買いなどが減るという。2つ目の「〝始末の料理〟が得意に」は、買った食品を使い切るようになり、徹底して無駄づかいをなくせるのだという。3つ目の「先を見通す力がつく」は、予算から決算までお金の流れが見えて、将来の人生設計をしやすくなるという。4つ目の「主体的な生き方ができる」は、生活する上で「何を大切にするか」が明確になるという。


生活家計簿を続けることで経済生活の達人になった読者たちは、当然といえば当然だが、時間の使い方の改善にも目を向ける。生活の知恵として見出された時間のより良い使い方が、家計簿の場合と同じように「婦人之友」で紹介されている。時計簿を記録する際の疑問「どの活動を記録して、どれを記録しないのか」についても、実は答えは用意されている。

２０１５年1月号の特集「追われない時間術」で、余裕を持って時間を投じ生活するための５つのポイントが掲げられている。第１のポイントは「暮らしのリズムを決める」で、起床や就寝、食事などを重要な「基本時刻」として設定するよう促す。「細かく区切りすぎないのが長続きの秘訣」と助言するのも忘れない。

筆者の【ある日の時計簿】でいえば、睡眠、食事、仕事、買い物、風呂などが基本時刻となる時間帯だ。家事は、朝と夕の数十分単位の活動を含めたほうがよさそうだ。

7時35分～8時15分、40分、家事、ゼロ（片付け、支度、ミニ掃除）
19時10分～19時20分、10分、家事、ゼロ（片づけ）
23時40分～0時00分、20分、家事、ゼロ（寝支度など）

細々した家事はどうするか。こだわりすぎれば日々のストレスが重くなる。「細かく区切りすぎないのが長続きの秘訣」という助言に従えば、時間の余裕があるときに限り、「家事群」として名もなき家事への名付けを楽しんで記録するルールにすればいいかもしれない。

時計簿を記録する際の負担感を減らしたほうがいい。楽しくなければ、そもそも日々記録しようという気持ちが続かない。

生活の達人になるポイント

ちなみに、「追われない時間術」の残り4つのポイントは、「予定を書き出す」「かかる時間を知っておく」「終わりの時間を決める」「前もって準備をしておく」だ。

5つのポイントは、いずれも未来の時間をきちんと段取りするよう求めている。そして5つとも、過去の成功や失敗を学ばなければ実現できない内容ばかりだ。

たとえば、料理にかかる時間を知っておくにも、終わりの時刻を決めるにも、過去の前例をつかんでおかないと、知りようがないし、決めようもない。そこで、過去が記録されている時計簿が役に立つ。

家計簿も時計簿も、過去に学んで予定をつくり、未来の段取りをする。予定を実行すれば、結果が定まる。この過去の記録と比べて当初の予定は適切だったか、改善の必要はないのかを検討し、次の予定の設定に生かすようにする。

未来と過去、また未来と時計簿の中をめぐるうちに、お金も時間も上手に扱える達人になる。ただし、生活の達人によると「適切な予算は、何年もかかってつくりあげていくもの」(「婦人之友」2018年1月号)。桃栗三年柿八年のことわざの通り、時計簿の継続が人を時間の達人にする。

予定という考え方を、具体的に時計簿に取り入れるにはどうしたらいいか。まずは何かの活動に投時する前に、活動時間の予定を仮に設定しておく。すでに予定帳を付けているなら、それを時計簿として使ってもいいかもしれない。どれくらいの幸福度になるかも想定しておく。こうした作業のために、朝５分間を割いて、活動予定を記すのも一案だ。１日の動きをしっかり見える化でき、円滑に生活できそうだ。

７時35分〜８時15分、40分、家事、ゼロ（片付け、支度、ミニ掃除、時計簿１日の予定設定）

その上で、実際に投時した結果を記録する。こうした記録を過去１ヵ月分くらい蓄積したところで、予定通りの幸福を実現できたかを吟味、反省する。この経験を積み重ねれば、未来の活動を正確に予想できるようになりそうだ。

あらかじめ未来の活動時間を定めるのは、日々の予定にとどまらない。１ヵ月間、半年間、１年間、数年間という中長期の未来を思い描いたとき、予算という考え方が助けになる。

予定と予算は似ているようで、大きく異なる。予定は「前もって定めておくこと。あらかじめ見込みをつけること」(日本国語大辞典)。予算は「前もって見積りを立てること」(同)。予定は、未来のそれぞれの活動時間を見込んでつくる。予算は、未来の予定時間を一つ一つ計算し、それらを積み上げてつくる。

たとえば、「3月4日　20時00分~21時00分、1時間、自由、☆(友人とオンライン会議)」というのは、1時間くらいを見込んで立てる予定だ。一方、「3月中、友人とオンライン会議は計4時間で☆計4」と見積もるのは予算だ。

きちんとした予算づくりができるかは、未来の一つ一つの予定をどれだけ正確に見込めるか、予想できるかにかかっている。ずさんな予定づくりは、ずさんな予算に直結する。期待された通りの幸福を実現できそうもない。

大事なのは温故知新、すなわち「昔の事をよく調べ、新しい物事に適応すべき知識・方法を得ること」(新明解国語辞典)。予定と同様、予算の場合も時計簿で過去を学び、未来時間を予想する力を鍛えたほうがいい。

未来の夢を現実にし、目標を達成し、あるいは期待される幸福を実現するのにどれだけの時間を投じなければならないか、時間の予算をつくってみる。いざ、予算を実行に移す際には、1日1日分に小分けし、予定として時計簿に上手に組みこむ。あとはしっかり着実に実行すればいい。

ちなみに、予算とくれば、時間の決算はどう扱ったらいいか。予算をただ実行しただけでは、適切な予算づくりだったかがわからない。

日本国語大辞典で、決算は「一般に、収支、損得などのバランスをいう」とある。まず、予算の時間を日々の予定として着実に実行したか、その結果を検討する。そして、投じた予算の時間量に対して、見合うだけの夢を現実にできたか、目標を達成したか、幸福を実現したかを検証する。

こういう時間の決算作業を経験するほど、予算づくりの力量が上がる。

6万時間の時間予算づくり

「はじめに」でも紹介したが、定年退職による収入減で不安が先に立ちがちなシニア世代を、〝巨万〟の時間予算づくりで励ますのは、ベストセラー『定年後』の著者、楠木新だ。「はじめに」でも紹介したが、60歳から74歳までの15年間を「黄金の期間」と呼び、自由時間は6万時間と見積もる。「生かさない手はない」と話す。

莫大な自由時間を投時できるなんて、まさに時間長者だ。少ない自由時間で忙しく働いてきた元会社員たちはさぞ、戸惑うことだろう。「そんなたくさんの自由時間をどう使ったらいいのか」と。

定年退職の経験者である楠木は「気づいたことがある」という。「家族関係や社会とのつながり、生きがいという大切な問題もある。本当のニーズはそこ」（同）だと。人生に残されたかけがえのない時間をしっかり見積もり予算にし、悔いのないように適切に投じるよう助言する。

6万時間には及ばないけれど、新型コロナウイルスの感染拡大で在宅勤務になったりすると、自由な真水時間が増える。筆者の【ある日の時計簿】でいえば、通勤と支度の時間を別の用途に転用できる。

7時35分～8時15分、40分、家事、ゼロ（片付け、支度、ミニ掃除）
8時15分～9時00分、45分、通勤、★（満員電車）
18時00分～19時00分、1時間、通勤、☆（1駅分徒歩、乗客と席譲り合い）

出勤時の支度が15分間とすると、通勤時間と合わせて2時間だ。もし月20日間、在宅勤務ということなら計40時間。これだけのまとまった時間があれば、一定の時間を要する活動などにしっかり投時できそうだ。

サッカー時間か、野球時間か

予算をつくり、実行する際に、気をつけなければいけないことがある。わたしの活動時間のうち、多くはわたしだけで成り立っているのではない。誰かと時間を共にする際、大切にしなければならないマナーがあると説くのが、ミリオンセラー『「超」整理法』の著者で経済学者の野口悠紀雄《のぐちゆきお》だ。時間について著した本『続「超」整理法・時間編』で、「時間泥棒」への注意を呼びかける。

時間泥棒といえば、ミヒャエル・エンデの『モモ――時間どろぼうとぬすまれた時間を人間にとりかえしてくれた女の子のふしぎな物語』が思い起こされる。時間をめぐるこの冒険物語の中の時間泥棒は、人々が仲よくおしゃべりし、楽しく過ごす総有の時間を盗み、お金稼ぎへと駆り立てる者たちだ。そうしてみんなの幸福を奪う。まさに、お金本位の現代の経済社会そのものを象徴するような存在だ。

一方、野口がいう時間泥棒は、個人の時間マナー違反による迷惑行為のことだ。『続「超」整理法・時間編』では、「会合や面会の定刻に遅れる人は、時間泥棒である。会合の場合は、多くの出席者の時間を奪うから、とくに罪が重い」と手厳しい。

このほか、受け手の都合もお構いなく突然かかってくる電話、病院で見通しも知らされないまま長く待たされる時間、儀礼的・形式的でしかない挨拶・懇談の時間などを俎上《そじょう》に載せる。どれも思い当たる節がありそうな事例ばかりだ。

わたしが誰かと共にする時間は、他者にいい影響も悪い影響も与えるのだと痛感させられる。特に真水時間の総有は人と人の理解や信頼、思いやり、マナーがないと成り立たない。

自分の人生時間を大切にするだけでなく、他者の人生時間も大事にするのは、わたしたちの時間世界を生きる上での常識、ルールでもある。


実は、時間マナーをしっかり守るために、時計簿で役立つことがある。直前の活動の終了時刻を甘く見込んでいたり、会合へ駆けつけるための移動時間の見込みがずさんだったりで、次の予定に遅れることがある。こうした失敗は、時計簿の過去の記録を見直し反省し、未来の時間を正確に予想できるようになれば防げるはずだ。

ある活動から次の活動に切り替え、つなぐときの数分程度を意識的に活用する方法もある。たとえば、活動終了の予定時刻前の5分間を「**結び時間**」として、活動を終える準備に当てる。活動時間は急には止められない。残り5分間になったら締めの作業を進める。同時に、会合開始の予定時刻前の5分間を「**支度時間**」にして、予定通りにすみやかに会合を始める準備に当てる。

これら2つのつなぎ時間をなるべく織りこみ、時計簿で予定づくりをすれば、遅刻の予防につながるのではないか。たとえば、こんな具合だ。

9時55分～11時00分、65分、仕事（電話打ち合わせ）※支度時間「9時55分～10時00分」
11時10分～12時15分、65分、仕事（会合）※結び時間「12時10分～12時15分」

もっとも、会合の前の活動がこれまた多人数の打ち合わせだったり、あるいは話し好きの人との面談だったりすると、終了時刻を予想するのは極《きわ》めて難しい。そこで時計簿の会合・面談の予定欄に「サッカー時間」か「野球時間」なのかを明記しておくといいかもしれない。

前者はサッカーのように試合時間が決まっているような活動だ。後者は野球のように9回を終えて、勝敗が決するまで時間をかける活動だ。サッカー時間の予定であれば当然、終了時刻は固定で明確だ。野球時間は、いつ終了するか予想し切れない。続けての定刻開始の予定などは、設定しないほうが無難だ。

体内時計で健康な体に

時計簿の仕組みを充実させるため、家計簿の知恵を取り入れた。ただ、扱う対象が時間かお金かで、大きな違いがある。

まず、「時間がなければお金は無価値」は正しくても、「お金がなければ時間は無価値」は間違っている。さらに、時計簿には「10分間」「3時間」といった時間量のほかに、「23時15分」などという時刻が記録されることになる。家計簿には一般的に時刻はない。

2020年、新型コロナウイルスは世界中で猛威を振るい、感染拡大を防ぐために自宅などへの自主的な〝隔離〟が進んだ。

精神科医の斎藤環《さいとうたまき》は「環境の変化で、何もやる気が起きず無気力になる『うつ状態』になってしまう可能性もある」（読売新聞2020年4月19日）と警鐘を鳴らした。これを防ぐ方法の一つとして「一定の時間に起きること。（中略）午前中に起きて日光を浴びるといい」（同）と付け加える。

日本うつ病学会は同年4月、双極性障害（躁鬱《そううつ》病）の国際学会などが共同で作成した「こころの健康維持のコツ　先の見えない中であっても、日常の生活リズムには気をつけよう」と題する書面を発表した。

そもそも、心穏やかな生活を支えている脳のメカニズムとして「体内時計」がある。「24時間周期の朝・夜の繰り返しに合わせて、私たちの体調や行動は連動できています。（中略）体内時計がスムーズに働くと、私たちは心地よさを感じられるようにできています」

自宅にこもる時間が長引き、起床時刻や食事の時刻などが大きく変わると、体内時計が乱れる恐れがある。「うつ病や糖尿病、肥満やがんなど多岐にわたる心身の状態が悪化することも研究で示されています」

日本大百科全書によると、体内時計は「生物の体内に備わった時計機構」のことで、「生物時計」とも呼ばれる。一般には「約1日周期の時計をいう」。体内時計は毎朝、起床した後に光や朝食の刺激を受けることでリセットされる。すると、ほぼ1日24時間のリズムにしたがって、さまざまな臓器やホルモン分泌が正常に働きだし、健康な体が維持される。まことにありがたい幸福の源泉となる時計だ。それが一人一人の体の中に組みこまれている。ただし普段、意識されることがない。

体内時計の仕組みや働きを明らかにする「時間生物学」では、医学や薬学、運動学などさまざまな分野で研究が進んでいる。この中で、栄養学の観点から体内時計を活用し、毎日の健康的な生活の在り方を追究しているのが「時間栄養学」だ。

理学博士で栄養士の古谷彰子《ふるたにあきこ》は著書『時間栄養学が明らかにした「食べ方」の法則』（ディスカヴァー携書）で、食事の時刻と健康の深い関係を明らかにしている。

時間栄養学を生かす

古谷が重視するのは、朝食だ。前日の夕食から当日の朝食まで何も食べない時間帯「絶食時間」を10時間ほど確保するよう勧める。そうすれば寝ている間に、眠りにいざなうホルモン物質「メラトニン」がたっぷり分泌され、脈拍、体温、血圧が下がる。臓器をはじめ体全体を十分に休ませることができる。夜中に菓子などを食べたりすると、体の休息が邪魔されるというわけだ。

朝になったら、休んでいる体を起こさないといけない。「『朝』と決めた時間帯の食事時間にしっかり量を食べる」「体は『あ、いま食事を摂っている、これは朝ということだな、起きなくては……』と理解します。（中略）体に『朝だ！』とスイッチを入れてやることができる」。こうして睡眠と覚醒の健全なリズムが保たれる。

時間栄養学の知恵は筆者の【ある日の時計簿】でも生かされている。

7時00分〜7時35分、35分、朝食、☆（サバ凪パン、ヨーグルト、牛乳）

サバ凪パンは、マンガ『凪のお暇』（コナリミサト著）に登場する料理のアレンジ版だ。食パンの上に、缶詰のサバとマヨネーズとスライスチーズを混ぜて乗せて焼いたトーストだ。マンガではツナ缶を使うところ、あえてサバ缶にするのは魚油が豊富だから。これを朝、食べるのは、時間栄養学的に適しているから。魚油は、休んでいる体内時計を動かす効果が大きいという。

トーストの上にサバ缶でなく目玉焼きであるなら、簡単調理の夕食に適している。目玉焼きは、体内時計を動かす効果が小さい。メラトニンをたっぷり分泌して全身を休息させる夜の就寝を間近に控え、夕食では体内時計をなるべく動かさないようにしたいところだ。

夕食にぴったりの目玉焼き乗せトーストを、筆者の時計簿では「パズーパン」と記すことにしている。少年の心躍る冒険を描いた映画「天空の城ラピュタ」（宮崎駿《みやざきはやお》監督）の主人公パズーが、ヒロインのシータと分け合って食べる場面は印象的だ。

自分の時計簿の中だけの料理名を付け、冒険を夢見てみる。願わくは、その続きを睡眠中の夢の中で……。そんな楽しみ方もできそうだ。

活動の時間量とともに時刻をよくよく管理しなければ、体内時計の健全な働きを支えられそうもない。活動の時刻が乱れれば、体内時計の働きに悪影響となる。医学の分野から交替制勤務の人に注意を呼びかけるのが、国立精神・神経医療研究センター精神保健研究所の三《み》島和夫《しまかずお》だ。

「夜勤に入ることによって、体内時計と生活時間との間にずれが生じやすくなります。体内時計にとって不適切な時間帯に食事を取ることでも生活習慣病の原因のひとつになると推測されています」（厚生労働省ホームページ）と説明する。体内時計と生活時間とのずれをなるべく生じさせないようにするのに、時計簿が役立つ。

社会的時差ぼけのダメージ

実際の生活の時刻と体内時計のずれは「社会的時差ぼけ」と呼ばれる。明治薬科大学准教授の駒田《こまだ》陽子《ようこ》らは、小学5年生から高校1年生までの学生を対象に社会的時差ぼけの調査を実施した。

それによると、この時差が1時間を超える場合、睡眠時間（量）は足りていても日中に眠気を覚えがちであることが明らかになった。宵《よい》っ張りの朝寝坊では、昼間もうつらうつら、ぼんやりしてしまい、勉強もはかどらないらしい。

駒田は共著『時間学の構築Ⅲ　ヒトの概日《がいじつ》時計と時間』（恒星社厚生閣）の中で、海外の研究も紹介する。米国の高校生３０００人を対象にした調査では、「成績が良い生徒ほど十分な睡眠をとっており、就寝時刻が遅くなるほど成績が振るわない」という結果になったという。社会的時差ぼけの悪影響は勉学にとどまらず、仕事など集中力が求められる活動全般に及びそうだ。

「生体リズムと睡眠を管理できるようにすることが重要である。（中略）時間を社会という枠を通して考え、改善していく取り組みを進める必要がある」（同書）と説く。

時計簿では、時間の量だけでなく、始まりと終わりの時刻を記録する。そうすれば、体内時計が安定して働いているか、見えるようになる。

時計簿は、時間生物学の研究成果を生活の知恵として取り入れ、実用化する道具でもある。時計簿はわたしたちを心身ともに健康にし、幸福にしてくれる。

現在と過去が、現在と未来がつながる

時計簿にはさまざまな活動時間が関わる。過去の時間はもちろん、未来の予定も記される。時計簿を付けたり見直したりするのは、もちろん現在の時間でのことだ。せっかくだから、季節という時間も添えてみてはいかがだろう。

19時20分〜20時10分、50分、夕食、☆（サラダ、お茶、桜もち、ニュース番組）

筆者の【ある日の時計簿】は春の一日の記録だ。桜もちという春の菓子を食したことが記されている。季節の華やぎが、余韻として時計簿に残る。夏であればスイカ、秋であれば月見の団子、冬には鍋料理、クリスマスにはケーキ、正月には雑煮などなど。季節の移ろいが描かれた時計簿は、読んで楽しい歳時記のようになる。

時計簿を記録することで、わたしは現在と過去がつながっていることを実感する。同時に、予算や予定をつくることで、現在と未来もつながる。

時計簿は現在だけでなく、過去も未来さえも今のわたしに引き寄せて活用し、今現在の幸福を実現するための道具だ。時計簿によって、過去も未来も現在のわたしの元にある。

時計簿を記録していて感じるのは、現在とつながる過去は、今のわたしから遠い存在ではない。もう少し近しい、「現在と過去の間にあるような時間」だ。現在とつながる未来も、「現在と未来の間にあるような時間」といえる。そうなると、時制は過去・現在・未来の３つから、５つに増えることにならないか。

これらの時制をすべて生かし切り、より幸福を実現したい。時計簿をさらに増強する必要がありそうだ。

第5章　時《じ》計《けい》簿《ぼ》で人生が楽しくなる!

過去は終わった時間ではない

第4章で時計簿の記録方法を紹介した。中心的に扱った時間は、現在だ。今どんな活動にどのように、どれくらい時間を投じたら幸福が実現するかが焦点だった。

でも、現在の時間だけを考えて投時する、いわば「その時暮らし」には問題がある。過去の成功や失敗に学ぼうと積極的に時間を投じ、さらに、未来の理想の実現に向けて一生懸命に投時することも必要だ。

現在が過去としっかりつながり、さらに、現在と未来が強く結ばれたほうがいい。そのためにお勧めなのが、「時計簿《じけいぼ》の徹底活用」だ。

時間には過去、現在、未来がある。21世紀の社会では「そんなの当たり前」。しかも、わたしたちは過去から現在、そして未来に向かっての一方通行でしか、時間軸の上を進めないと思っている。もう少し自由に動けたらいいのに。

もう一つ、残念なことがある。現在から見て過去、そして未来はとても遠く、よそよそしく感じられる。時間軸の上でお隣同士なのに、互いに疎遠なままなんて、まるでうら寂しい都会の暮らしだ。

過去は忘却の彼方にひたすら遠ざかり、未来は現にやって来るまで姿も見えない。「現代人は孤独」といわれるけれど、「〝現在人〟は孤独」といい直したほうがいいかもしれない。これらの問題を、時計簿は解決できるだろうか。

そもそも、時間には過去と現在と未来があるとされる。本当に３つだけなのか。時計簿を記録する際、現在のわたしは過去と向き合う。幸福の評価をするには現在のわたしの頭の中で過去の活動時間を、ありありと再現する。こうして再現するかつての時間は、紛れもなく今、現在でもある。これはもう「現在になった過去」「現在とくっついている過去」といえなくもない。

広辞苑によると、過去は「既に過ぎ去った時。現在より前。以前。むかし」のことだ。時間を投じるというのは、「自分が自分を投じる」ことと第２章で説明した。それなら、過ぎ去った時間は、自分が投じて置き去りにした自分自身、ということになりはしないか。

わたしは、投じ終わった時間とわたし自身を常に置き去りにしながら生きているのだろうか。

過去の活動時間をすっかり忘れてしまうようなら、投げ捨てと同じだ。時計簿で記録に残すなどしない限り、あとは記憶が頼り。もし記録にも記憶にもなく、思い出すこともなくなってしまえば、無意識ですくい取られるかどうか……。

無意識とは「意識されない心的過程」（日本国語大辞典）。仮に無意識で捉えたとして、それでも意識ではっきりと捉えられない事態は変わらない。

投げ捨てられるのが、幸福を実現してくれるような過去の「大事な時間」だったら大変だ。本来得られたはずの幸福を、実際は得られない。ことわざを援用すれば、逃がした幸福という魚は大きい。「時計簿に記録して残しておけばよかったのに」という後悔も先に立たずだ。

幸福を実現してくれるような大事な時間であるなら、忘れたりしないかもしれない。「大事」だとわかっていれば、強い印象とともに記憶に残るからだ。でも、当初は「大事」でなかったのに、先々で「大事」になるような時間がある。

「何が大事か」は、現在のわたしが投時して経験を重ねることで変化しがちだ。たとえば、今は「大したことがない」と軽い気持ちで本を読む時間が、先々で大きな恵み、幸福をもたらす「とても大事な時間」に大変身したりする。

過去の時間は終わったこと、変わらないなどと高をくくるのは間違い。**過去の終わった時間も、現在のわたしの中で大いに変わる。**

過去との対話

過去の時間と現在との強いつながりを指摘したのは、20世紀のイギリスを代表する歴史家エドワード・ハレット・カーだ。著書『歴史とは何か』（清水幾太郎《しみずいくたろう》訳、岩波新書）の中で、歴史とは単なる過去の事実のまとまりではなく、さりとて、現在の歴史家が過去の事実を無視して勝手に見立て、解釈した物語でもないと説く。「歴史とは（中略）現在と過去との間の尽きることを知らぬ対話なのであります」

時計簿に引き寄せれば、現在のわたしが過去の時間と対話するということになる。記録されたわたしの過去の事実をじっくりと見れば、自分の時間の使い方の傾向、癖などが明らかになる。そうして、「わたしはこういう生き方をしてきた」と知ることができる。**現在のわたしからの問いかけに、過去のわたしが答えてくれる、**といっていい。

そして、「わたしはこういう生き方をしてきた」「これまでのわたし」という自画像ができたら、今度は現在のわたしが実際に投時する場面をよく見てみる。すると、自画像に沿った自分らしい時間が次々と投じられるのを目の当たりにするはずだ。もし、自分らしくない時間が投じられるようなら、自画像の修正が必要かもしれない。「自分らしい」「自分らしくない」というのは、現在のわたしからの答えだ。

気をつけなければいけないのは、「尽きることを知らぬ対話」というカーの言い方だ。どうやら歴史は、現在と過去の1回の対話で決定され、完成することではないらしい。確かに、現在のわたしの自画像と、過去の事実がうまくつながらないこともあり得る。矛盾《むじゅん》を来すかもしれない。そうなったら、自画像を修正し、あるいは、過去の事実を見直してみなければいけない。そうして再び現在と過去の対話をする。

整合性がとれているか、合っているか調べてみる。ずれていたら、また修正して対話して……。こうして対話は続く、どこまでも。

歴史が「現在と過去との間の尽きることを知らぬ対話」だとしたら、歴史は「これで決まり、対話は完成」という結果、到達点を持たないことになる。むしろ、対話をずっと続けている過程、止まらずに動いていることが特徴といえそうだ。

サッカーでたとえるなら、ボールをゴールに蹴りこみ、得点を挙げるより、ボールをドリブルし続けることを優先するようなことかもしれない。時計簿というフィールドで昔時間と対話し、楽しむ現在のわたしは大の時間好きだろう。

現在のわたしは、個人の歴史資料ともいえる時計簿を見ながら、すでに記録された過去の時間と対話する。そのとき、現在のわたしにとって都合の悪い過去の時間、消し去りたい昔時間に出合うかもしれない。

ここで対話をやめてしまえば、過去の時間は、現在のわたしから遠くに離れるばかりだ。本当なら、教訓を授けてくれるはずなのに。とても貴重な過去の時間との絆《きずな》を失ってしまう。

これは人と人、国と国の関係でもいえそうだ。

「心の時間」とは？

カーはこうも述べている。「過去は、現在の光に照らして初めて私たちに理解出来るものでありますし、過去の光に照らして初めて私たちは現在をよく理解することが出来るものであります」（『歴史とは何か』）。

現在のわたしは、過去のわたしを対話の相手にして真水時間を投じ続けている。そうした時間を通じて、わたしの過去の事実を見つめ、時間の使い方の傾向、癖などを知る。そうして、現在に至ったわたしをより理解する。現在のわたしに直言してくれる過去の時間は、かけがえのない存在だ。

投げ捨てない過去の時間は、「過ぎ去った」という意味でのかつての昔時間ではない。たとえ、時計による計算では何年何十年前のことであっても、現在のわたしと対話を通じて強くつながれば、遠く隔《へだ》たっている気がしない。現在と昔時間がとても近く感じられる。

実は、ここで２つの時間が語られている。１つは時計の上での時間だ。物理の法則に則《のっと》り、あらゆる時計で計測できる客観的な、つまり「考え方が論理的であったりして、多くの人に理解・納得される」（新明解国語辞典）時間だ。時計簿に記録される時間は原則、時計の時間だ。仕事の時間も電車の時間も他者との約束の時間も、こちらでないと大混乱になる。

もう1つは、現在のわたしの心の中の時間だ。わたしの心の受け止め方、働きに沿って見立てられる主観的な、つまり「当人の直観や推論に頼る傾向が強く」（同）現れる時間だ。たとえば、幸福の源泉である、心に良い時間がまさにそれだ。現在のわたしに近く感じられる昔時間も含まれるだろう。現在のわたしが「良い」と感じたり、「近い」と思ったりする時間は、心の時間だ。

ところで、心の時間って何だろう。新明解国語辞典によると、心は「知覚・感情・理性・意志活動・喜怒哀楽」などの「働き」のことだ。働き、つまり「動くこと。行動すること」（日本国語大辞典）というからには、現在のわたしによって時間が投じられる必要がある。時間は「種種の現象が生起する舞台」（新明解国語辞典）のこと。

結局、心は時間という舞台があって初めて働き、動く。時間が投じられなければ、心は動くための舞台を失い、止まってしまう。心の時間もなくなる。

時計の時間と心の時間には、客観的か主観的か以外にも大きな違いがある。心の時間であれば、過去と現在の間、あるいは現在と未来の間にある隔たりを、一瞬で縮めることができる。いわば、**時間の瞬間移動**だ。何も難しいことはない。対話すれば、数年前の時間だろうと現在ととても近しい時間にできるのだから。

心の時間の瞬間移動は実のところ、ＳＦ小説などで重用されるタイムリープ（時間跳躍）と意味内容が似ている。確かに心の時間の瞬間移動は、タイムリープのように身体という物質ごと物理的に未来と現在と過去を行き来できるわけではない。でも、**現在のわたしと昔のわたしとの間で対話はできる。**時間の違いを超えて友だちにもなれる！

良き心の友「過来」

これは、物理の法則にしたがう時計の時間には、とうてい真似できない。10年前の時間に、現在のわたしの身体ごと近づこうとしても、できない。現在のわたしは時計時間の現在から跳躍どころか、一歩も外に出られない。現在に居続けるしかない。

対話は、心の時間の跳躍を誘発する。昔時間は、対話によって相互理解が進み、親近感が増す。心の（時間の）隔たりがますます縮まる。時計の時間の隔たりは解消されないままだが。かつて時間は、元はといえばわたし自身にほかならない。いわば「元わたし」だ。現在のわたしは、昔時間を現わたしに深く関連する自分ごととして近しく思うことになる。

ちなみに、千年以上前から使われている時間語に「過来《すぎく》」がある。意味は「（ある時を）経過して来る」（日本国語大辞典）。そして、来るは「こちらに向かって近づく」（広辞苑）。

まさに、時間を過ごした元わたしが、ついに現在のわたしに近づいて来るという構図だ。

ここで、**心の時間の中で、現在のわたしと近い昔時間を「過来《からい》」と呼ぶことにする。**過来は、現在のわたしの心の友のような存在だ。対話を通じてどんどん近づく。一方、過去は、時計の時間の経過とともに現在のわたしから遠ざかるばかり。対話のために投時して近づこうとしなければ、時間の隔たりは広がる一方だ。心の時間の中でも、ずっと疎《うと》い過去のままだ。

あらためて、現在のわたしは、本当にかけがえのない、偉大な存在だ。現在のわたしがどんな時間の投じ方をするかによって、わたしの現在と過去と過来が決まる。たぶん、これから先の未来の時間もそうだろう。過去から現在、そして未来へと続くわたしの人生時間の創造主は、現在のわたしだ。

ちなみに、現在とは「時の流れを3区分した一つで、過去と未来との接点」（広辞苑）だ。過去と未来に挟まれた点でしかない。現在のわたしが置かれたこの状況を、どのように言い表したらいいだろう。もしかしたら、茶の湯が繰り広げられる舞台としてわずか2畳という極小空間の、あの茶室「今日庵《こんにちあん》」に一人身を置くような心地ではないか。

茶室という舞台は「狭いほど侘《わ》びに適《かな》ったもの」（茶道大辞典）とされる。ちなみに、侘びは「簡素の中にある落ち着いたさびしい感じ」（日本国語大辞典）のこと。確かに、現在のわたしは本来、過去と未来の壁に閉じこめられた極小時間の中でさびしい思いをする存在かもしれない。まさに「〝現在人〟は孤独」だ。

しかしながら、茶室は茶人が一人こもる所ではない。よそから来る客と交流する場だ。さびしくしているところに客が訪ねてきたら、どんなにうれしいか。とにかく狭い茶室の中で袖をすり合い、膝を付けるようにして近づき、対話する。

現在という極小の時間でも、同じことがいえそうだ。わたしは現在という時間に過来の時間を招き入れ、近しく対話する。未来の時間も訪ねて来る可能性がある。

家族や友人がそれぞれの「現在の時間」を持ち寄り、「時間を共にしようよ」と訪ねてくれたら、ああ、なんと楽しいことか。心に良い時間が十分に生まれ、幸福が実現しそうだ。

過来は、現在と過去の対話による共作だ。こんな対話をできるようにするには、かつての昔時間がきちんと時計簿に記録されている必要がある。その上で、たくさんの記録の中から、どの昔時間が現在のわたしのよき対話相手になり、幸福を実現するのか見分けられるように整理しておいたほうがいい。

大事な過来を埋もれさせてしまったら、対話の好機を失う。宝の持ち腐れだ。

大事な過来を一覧表に

そこで、大事な過来を一覧表にして、時計簿に付け加えてみてはどうか。名付けて「過来表」だ。

筆者の【ある過来表】

・1985年　プロ野球・阪神タイガースが21年ぶりセ・リーグ優勝

・1992年　亡くなった被害者のためにまず「献杯」をしなかったことを強く反省した
犯人が逮捕された後、警察官との飲み会で「お疲れさまでした。乾杯」と発声した筆者を、警察官が「被害者は生き返らない。献杯だよ」と諭した

・2002年「いい音楽は夕陽の味がする」のだと教えられた
小澤征爾さんがウイーン国立歌劇場での飲み会後にしみじみ語った

・2011年　人を幸福にするのが新聞だと実感させられた
東日本大震災後に小学生が発行した「ファイト新聞」は多くの被災者を元気にした

筆者の【ある過来表】の原本には登山家の田部井淳子、漢字学者の白川静、写真家の荒木

経惟、映画作家の大林宣彦といった方々と対話した昔時間が連なっている。

さらに、福島県会津若松《あいづわかまつ》市の史跡・飯盛山《いいもりやま》に登った際、知らない男の子から「おはようございます！」と元気よく挨拶された時間は、後々思い出して心がほっこりする過来だ。２０００年、療養中の父親に安い弁当を差し入れようとしたら、「弁当には夢があるんだ」と拒絶された。うなぎ弁当に急ぎ差し替えた時間も大切な過来だ。

対話を通じて現在のわたしに反省を促す大切な過来もある。

・２０１４年　作家との打ち合わせ予定をうっかり忘れていた

１時間待たせた。再発防止のためスケジュールを管理徹底しなければだめだ！

・２０１５年　長崎キリシタンの遺品里帰り展開催

差別はわたしたちの日常にあることを痛感させられた

過来と現在のわたしが対話すれば、直ちに幸福が実現するわけではない。でも、こうした対話をなるべく続け、大きな教訓として、現在のわたしの投時を改善するようにしなければいけない。

ことわざの「喉元過ぎれば熱さ忘れる」のような無反省の心構えでは、また他人に迷惑をかけるだろう。その結果、現在のわたしの心は良くない時間で満たされ、不幸に陥《おちい》る。心に刺さるような過来の記録も、時計簿には絶対に必要だ。

多くの人の過来になってほしいと思い、筆者が積極的に投時したこともあった。その一つが、長崎キリシタンの遺品里帰りだ。江戸後期から明治維新にかけて長崎奉行所や明治政府が、長崎・浦上《うらかみ》のキリスト教信者を投獄、流刑にして過酷な弾圧を加えた。こんな悲しい昔時間がこの国であったことを知った。

没収された信者らの十字架やロザリオなどは、東京国立博物館に収蔵されている。「多くの犠牲者への追悼と歴史の和解のために里帰りさせてほしい」と同博物館と長崎県に働きかけ、約200点の貸し出しが実現した。

弾圧犠牲者の子孫が多いカトリック浦上教会の歴史委員会の野口勝利《のぐちかつとし》は「先祖たちの信仰の証しに出合えた。悲しい歴史を繰り返してはならないとの思いを人々が共有する場になってほしい」と語ってくれた（2015年に筆者がインタビュー）。

わたしたちの負の歴史と現在のわたしとの対話は、これからも続く。

「過来表」の整理法

日本史上、最も有名な過来の一つといえるのが、江戸幕府を開いた徳川家康の肖像画だ。

正式名「徳川家康三《み》方《かた》ヶ原《はら》戦役画像」、通称「顰像《しかみぞう》」。１５７２年、戦国武将の武田信玄の軍との合戦で大敗した家康軍は、命からがら城に逃げ帰った。

その際のしかめ顔の家康自身を絵にして、後々の慢心の戒《いまし》めにしたという。見るのもつらい過去の画像との対話を怠《おこた》らず、天下人になり、世の中を平和にした。

現在のわたしの対話の相手である過去は、日々増えていく。ここ1年の時計簿から大切な過去を厳選しても、すぐに数十の過去で表はいっぱいになる。これが2年3年……と積み重なれば……。現在のわたしは、対話すべき過去の見当が付かなくなる。１００の料理が並んだメニューを目にしても、どれを注文したらいいか戸惑うばかりだ。

お勧めは、年に数度の過去表の整理だ。「現在のわたしにとって大切な対話相手」を基準にして、時計簿に記録された昔時間と、すでに過去表に列挙された過去を総点検してみる。目安として計30～50くらいに絞りこむと都合がいい。

こうした選別で過去表を整えるのにも、それなりの投時が必要だ。昔のアルバムを見るようなもので、「これは懐かしいなあ」「このときはうれしかった」などと思い出が尽きない。ついつい多くの真水時間を投じがち。

たとえば、コロナ禍で自宅にいる時間が増えるなら、その時間を過去表の整理に充《あ》てるのも手だ。入用なのは真水時間だ。自宅で過去表の整理をするために真水時間を投じれば、現在のわたしの心に良い時間が生まれるはずだ。お金を使わずに、時間対話だけで幸福になれる。

2つの未来の迎え方

広辞苑によれば、現在は「時の流れを3区分した一つで、過去と未来との接点」だ。現在のわたしが昔時間と対話することで、3区分以外の時間である「過来」が新たに生まれる。それでは、現在と接するもう一つの時間、未来についてはどうか。対話することで、新しいこれから先時間が生まれるのか。

未来は「過去・現在とともに時の流れを三区分した一つで、まだ来ていない部分」（広辞苑）だ。「これから先の時。現在のあとに来る時期。今より後」（日本国語大辞典）でもある。どうやら、現在のわたしの元まで来ていない、達していない時間だ。現在の後に来るために順番待ちをしているような時間だ。

ここで、現在のわたしには主に2つの選択肢がある。1つは、まだ来ていない時間をただ待つという対応だ。生きている限り、寝ていても何をしていても現在後の時間は必ず来る。それどころか、現在のわたしの元に来るのを阻止できない。時間がなければわたしの身体は働かず、心臓も脳も動かず、生きられない。じたばたせず、現在後の時間の到着を待つのもありだ。

もっともこの場合、どんな時間が来るのか、来てみないと皆目《かいもく》わからない。幸福を実現するような望ましい時間とは限らない。不幸のような招かれざる客の到来も覚悟しなければいけない。

もう1つは、まだ来ていない時間を迎えに行くという対応だ。現在のわたしが未来の時間と対話するためだ。幸い、時計簿にはこれから先時間である予定が書きこまれるから、いつでも対話できる。

新明解国語辞典によると、予定は「(将来の行動などを)前もって定めること(定めたもの)」。どんな活動になるのか、現在のわたしがあらかじめ定めることができるような時間だから、対話も安心だ。

でも、これから先時間の中には、前もって定められない時間がある。そうした時間のほうが圧倒的に多い。数え切れないくらいだ。それが未来。未来は「(何が起こるかは全く想像の域を出ない)これから先の時」(新明解国語辞典)のこと。はっきりとはわからず、ただただ想像して「多分こういうものだろうと頭の中で考える」(同)しかない時間だ。予定とは大きく異なる。

時計簿は、人生のあらゆる時間を記録するための道具だ。「想像の域を出ない」ような未来の時間も当然、取り入れるべきだ。善は急げ、そういう未来の時間と、現在のわたしが対話するために投時してみる。これから先の時間を、人生をじっくり想像してみる。すると、理想的な未来像や夢が浮かび上がってくる。

現在のわたしの問いかけに、未来のわたしが答えてくれる、といっていい。「未来に実現したいのは、こういう時間だ」なんて具合だ。

そして、未来が教えてくれた理想の未来像を頭に入れながら、時計簿に立ち返ってみる。夢や希望を実現するために、現在のわたしは着実に時間を投じているかを確認できる。未来のわたしからの問いかけに、現在のわたしが答える。

たとえば1年後、北アルプスの標高3000メートル級の穂高岳《ほたかだけ》（穂高連峰）に登頂したいとする。この夢を実現するためには、高山を登り切る体力を培《つちか》う必要がある。夏も冬も毎日1駅分、電車に乗らずに歩くようにすれば、少しは脚力が鍛えられる。

「こうありたい」と望むこれから先の時間を本気で現実にするには、現在のわたしは待つだけではだめ。実現に向けて積極的に投時したほうがいい。投時の様子を時計簿で確認できれば、夢や希望の達成に一歩一歩近づいているという期待感も高まる。

もちろん、現在のわたしと未来の対話も、１回で済まないことがある。いや、むしろ済まない場合が多いのではないか。「こうありたい」という未来の理想や夢と、現在の時間の投じ方、方向性がかけ離れていれば、理想や夢の実現は危うい。

現在のわたしは、未来の理想へ至る道をしっかりと進むため、着実に投時する。現在のわたしの気が緩《ゆる》まないよう、未来の理想や夢から折に触れて叱咤激励してもらいたい。

現在のわたしが、理想の実現に向けた投時をできないなら、未来の理想や夢を修正するしかないかもしれない。絵に描いた餅にしないために。夢を持ち、それを実現し、また理想や夢を実現するためにがんばって投時する。その結果、実現すれば、現在のわたしの心は良い時間で満たされる。

夢を持ち、実現する力も培われる。実現しなければ、現在と未来の対話がうまくいっていないのかも。修正して対話して、また修正して……。現在と未来との間でも対話は続く。

「未去」の実現に向けて

現在に達していない時計の時間を、現在のわたしがただ待つのではなく、対話のために投時して近づいて行けば、現在の先で夢や理想の時間が本当に現実になるかもしれない。待つだけより、近づいて行くほうが、実現の可能性は高そうだ。気まぐれに右へ左へと舞い飛ぶ蝶をつかまえに行くように。望み通りになれば心に良い時間を十分に生み出し、幸福になれる。

「幸運の女神には前髪しかない」という格言がある。好機はためらわずにつかめ、といった内容だ。幸運は幸せのことで、「めぐり合わせ」(基礎日本語辞典)の時間だ。あっという間に通り過ぎてしまうこれから先時間だ。

漫然と待つのでは、気まぐれな女神の前髪をつかむのは至難の業《わざ》。近づいて行って対話して、せめて現在のわたしに前髪を見せてもらうくらいの対策を取らないと、好機を逃しそうだ。

女神の代わりにうさぎでいえば、「株《くいぜ》を守りてうさぎを待つ」ということわざがある。うまくいった前例に従って待つだけでは、好機を逃すという内容だ。女神時間だろうと、うさぎ時間だろうと、受動的であるより積極的に動いたほうがいい。現在の後で幸福を実現するため、ためらうことなく投時する。これから先時間に自ら向かって行く姿勢が求められる。

現在のわたしが、これから先の時間をただ待つのは、いずれ来ると高をくくるからだ。いつかは来るけれど未だ来ていない時間は、現在のわたしにとって「未来」だ。一方、対話をするために自ら迎えに行く時間は、未だ向かって行っている最中だから、「未去《みこ》」と呼べそうだ。

ちなみに、未だは「今でも。まだ」（日本国語大辞典）の意味で、ずっと継続している状態だ。去は「行く」（新選漢和辞典）の意味で、「来」の反対語。行と去の2つが重なった「行《ゆき》去《さる》」は千年以上の歴史がある言葉で、「遠く離れた所まで行く」（日本国語大辞典）の意味だ。

これから先の時間に向かって「行去」を続ける現在のわたしの動きを言い表す言葉だ。

現在のわたしは、対話を通じて未去に近づく。「何が起こるかは全く想像の域を出ない」（新明解国語辞典）くらい疎い未来とは、大きな違いだ。

未去は、現在のわたしと対話を通じて強くつながり、現在に近しい心の時間になる。何しろ、現在のわたしと関係があるどころか、いつかは現在のわたしになるかもしれないのだから。いわば「前わたし」「わたし候補」だ。現在のわたしは、行去を通して近しくなる時間を自分ごととして思い浮かべる。

新型コロナウイルスの感染拡大で経済が停滞し、教育も大きな制約を受けた。人と人の濃密なコミュニケーションも、自粛《じしゅく》を余儀なくされた。感染防止のために人同士の濃厚な交流を避けながら、コロナ禍の終息後には「こんな時間にしたい」という夢を持つ。「前わたし」の未去を紹介する投書が、新聞に掲載されている。

67歳の内山晴雄は、大好きな旅行ができなくなった。代わりに「想像の旅を楽しむ」時間を投じることにした（朝日新聞2020年6月17日）。歌川広重《うたがわひろしげ》の浮世絵「東海道五十三次」一枚一枚を俳句にする趣向だ。作句のために史実などを取材して、いい勉強になるという。実際の旅行を再開する未去の時間が、待ち遠しそうだ。

高齢者が喫茶し交流する店を営む74歳の斎藤紅香は、コロナ禍で知人友人たちが来訪しなくなった。あるとき、遠く離れた弟夫婦から「訪問が可能になる日が来たら、（中略）飛んでいきます」と励まされた。みんなが「コロナ後に笑顔で集えるように」がんばることにした、と決意をつづった（同）。

この2人は共に未去と対話し、心の時間の中で現在のわたしに近づけている。その上で、未去の実現に向けて日々なすべきことを予定にし、しっかり実行する。未去を実現するのも、まさに時間の問題ではないか。

千客万来の対話時間

過ぎた時間と同様、これから先時間が近しくなるか疎くなるかは、現在のわたしの投時次第だ。**「時間がなければあらゆることが無価値」法則は、未去と未来でも有効だ。**

現在のわたしという舞台の中で対話のために時間を投じれば、前わたし、わたし候補は心の時間として近しい未去になる。放置すれば、よそよそしい未来のままだ。タイムリープは、現在のわたしと未去の間でも機能する。

現在のわたしが時間を投じるのは、できるだけ幸福になりたいから。未去と現在のわたしが対話して、快《こころよ》い心の時間が十分に生み出されれば幸福になれる。やはり、未去に向かって積極的に向かって行く覚悟が求められる。受動的な投時では、幸福の実現は心許《こころもと》ない。

過去や過来にとってだけでなく、未来や未去にとっても現在のわたしはかけがえのない存在だ。現在という極小の点のような、今日庵のような舞台の時間に、わたしは過来だけでなく未去を招き入れる。そして対話する。千客万来。対話のために投じられる時間は、楽しいひとときになりそうだ。

未去は、現在のわたしの対話相手になる。まずは未去も時計簿に取りこみたい。さらに、両者のやりとりを促進するため、主な未去の時間を一覧にした「**未去表**」をつくってみてはどうか。扱い方は、過来表と同じだ。

「未去表」の活用法

これから先の時間をじっくりと想像すれば、「こんなことをしたい」「あんなことをやりたい」という夢や希望がいろいろと浮かび上がる。そうした夢を本気で実現し、幸福になるために、日々何をすべきかを前もって定め、予定にする。

筆者の【未去表】※２０２０年に作成

・２０２１年　47都道府県の味噌蔵探訪「みそ知るの旅」完遂

・２０２２年　中高年の相撲塾を開く

・２０２４年　60歳で大病なく健康を維持

未来の中には、現実になってほしくない、悪夢のようなこれから先時間がある。中でも無視できないのが、生命を奪い、生活に大きな打撃をもたらす大地震、大水害などの自然災害だ。

わたしたちの投時で、自然災害そのものをなくすのは不可能だ。どれくらいの規模なのか、事前にはわからない。「何が起こるかはまったく想像の域を出ない」ような危ない未来の時間だ。放ったらかしにし、ただ来るに任せるのでは、生命や暮らしを守れない。

確かに、自然災害そのものは止められなくても、被害を最小限にする減災なら事前にできる。たとえば、現在のわたしが未去とそうするように、自然災害に見舞われている時間と対話してはどうだろう。

仮りに1年後に設定した防災の未去を表に加えてみる。

・２０２１年　東日本大震災と同じ規模の地震発生

できるだけ近づいて、災害について理解を深める。その上で、どんな事前の備えが必要かを把握する。たとえば、「地域の危険を知る」「家族で防災会議を開く」「地域とのつながりをつくる」ほか、避難する際に必要な用具をそろえるなどだ。

一つ一つの準備活動を日々の予定として時計簿に書き、着実に実行する。備えあれば憂《うれ》いなしだ。

時間の予算・決算

未去を実現するのに、時計簿の中で時間の予算・決算が役に立つ。筆者の未去を例にして予算と予定、そして決算の流れを確認すると……。

・２０２１年　少人数、小空間でできる男女混合４人制野球を開発

野球好きの県民が多い愛媛県の地域振興企画として、筆者と会社の同僚、寺谷明美は野球

にちなんだ文化プログラム「愛・野球博」を提案。2018年に同県主導でスタートした。具体的な計画の一つが「男女混合4人制野球の開発」だ。老若男女が何かと忙しい時代に、1チーム最低9人、敵方と味方を合わせて18人のプレーヤーを集めるのは至難の業。4人対4人の小さな野球をつくれば、真水《まみず》時間で野球をプレーし交流し、朋友になる人口をもっと増やせるはずという目論見《もくろみ》だ。通称「朋球」と筆者は呼んでいる。

この未去を1年間で実現するため、開発に必要な時間の予算をつくる。たった4人で守備ができるフィールドの広さをどうするか。狭すぎれば、どんな打球も守備の4人にやすやすと捕られてしまい、攻撃側はおもしろくない。広すぎれば、逆に守備側は捕球に走らされるばかりで、おもしろくない。双方にとって楽しい時間を生みだすフィールドの広さや塁の数、イニング数などのルールも、開発の仲間と実際に試してみながら決める必要がある。

こうしたさまざまな作業に必要な筆者の時間を合算した予算時間が計60時間であれば、これを日々の予定に小分けすることになる。毎月末の日曜日ごとに3時間を開発に投じれば、20ヵ月後には開発完了の見通しだ。

もし、開発が完了せず、未去が実現しなかったら、見積もりや予算の計算が間違っていなかったか検証する。予定を着実に実行するために投時したかを点検する。こうした時間の決算は非常に重要だ。時間の予算・決算を経験するほど、時間の予算づくりの力量が上がる。

未去を実現する力も向上するはずだ。

歴史的な未去演説

歴史的に最も有名な未去の一つといえるのは、黒人公民権運動の指導者で牧師のマーティン・ルーサー・キング・ジュニアが１９６３年に行った演説だ。米国・ワシントンのリンカーン記念堂の前に集まった約25万人に向かい、キングは「夢」という言葉で未去を語った。「わたしには夢がある。いつの日か、この国が立ち上がり、『すべての人間は平等につくられているのは自明の真実であると考える』というこの国の信条を、真の意味で実現させる夢である。わたしには夢がある。いつの日か、ジョージア州の赤土の丘で、かつての奴隷の息子たちとかつての奴隷所有者の息子たちが、兄弟として同じテーブルに着く夢である。わたしには夢がある。いつの日か、不正と抑圧の炎熱で焼け付かんばかりのミシシッピ州でさえ、自由と正義のオアシスに変わる夢である。わたしには夢がある。いつの日か、わたしの４人の幼い子どもたちが肌の色によってではなく、人格によって評価される国に住む夢である」

人種差別が根強い１９６０年代の社会にいた「キングという現在のわたし」は、いつか人種差別のない社会を実現するという未去と対話し、現在にぐっと引き寄せた。でも、未去を本当に現実のことにするには強い信念が必要だ。「この信念があれば、われわれは、絶望の山から希望の石を切り出すことができる」と語ったキング。未去との対話を通じて毎日、あきらめずに希望とともに投時するよう促した。

キングの夢、未去は、人種の違いや国境や時代を超えてたくさんの「現在のわたし」たちの未去になった。歴史的な〃未去演説〃から半世紀を経て、なお人種差別による事件が繰り返される。でも、未去の時間を必ず実現するという人々の強い信念の下、希望とともに投時が続けられる。

感謝の「♡」を加える

現在のわたしには、対話相手の近しい心の時間として過来と未去が加わった。現在のわたしはもはや、過去と未来に挟まれた小さな点の中の、ひとりぼっちの寂しい存在ではない。相談相手であり心の友ともいえる過来と未去が、常に近くにある。近は「そばに寄りつくこと」（新選漢和辞典）。現在のわたしのそばに付いている。

現在のわたしと過来と未去の絆は、時計簿にしっかり記録される。過来表と未去表を加えたから、いつでも対話し相談できる。現在のわたしが、忘れてはいけない大事な過来を思い出し、対話できる。過来による叱咤激励で、現在のわたしは背中を押してもらえそうだ。また、見失ってはいけない大切な未去を思い浮かべ、対話するのもいい。現在のわたしに夢や希望を与え、理想へと導いてくれる。

過来と未去は対話を通じて、現在のわたしの心に良い時間を十分に生み出す助けになる。あるいは現在のわたしへの戒めとして、失敗などで心に良くない時間を生み出さずに済むようにしてくれる。幸福を実現した証として、「♡」を過来表・未去表に書き添えてはどうだろうか。

過来と未去が現在のわたしの背中を押してくれたり、導いてくれたりするたびに「♡」を付ける。そうすれば、どの過来、未去がより大切か、明確になる。付け加えられた♡の数が、過来表と未去表を整理する際の参考になる。

幸福共同体が生まれる

孤独に陥りがちな現在のわたしにとって、過来と未去は頼りがいのある心の時間だ。対話を通じて現在のわたしに寄り付き、背中を押したり、手を引いて導いたりしながら現在のわたしの投時を支える。でも、友だちや仲間といえる時間は、過来と未去だけではない。現在の中にも、現在のわたしを支えてくれる時間がある。他人の「現在のわたし」だ。

複数の「現在のわたし」が一緒に投時する例は、本書でこれまで取り上げてきた。登山家の田部井淳子は、人々と楽しく山に登る名人だ。その極意の一つは、仲間とのおしゃべり。気持ちのいい空気や美しい高山植物などを話題にし、冗談を交えて談笑しながら登る。そうすると、山登りも疲れにくくなるという。

おしゃべりの参加者それぞれの「現在のわたし」が真水時間を一緒に投じることで、楽しいおしゃべり時間を総有できる。快い時間も十分に生み出される。まさに、幸福を総有するコミュニティー「幸福共同体」だ。

指揮者の小澤征爾によると、オーケストラのすばらしい演奏会では指揮者や演奏家たちだけでなく、聴衆も一緒に参加した音楽の対話、ムジツィーレンの時間になる。会場に居合わせた人たちがそれぞれの「現在のわたし」として真水時間を投じる。そうして、心が一つになるような至福のひとときが生み出される。

この幸福時間を小澤は「一人でありながら、みんなで一体になる」と表現する。一人一人が「現在のわたし」でありながら、心に良い時間を一緒に生み出し創造し、総有して一体になる。これも幸福共同体だ。

日常の時間を記録した時計簿の中には、現在のわたしの投時と、他人の「現在のわたし」による投時が一緒になり、総有されて実現した幸福が記録される。それこそ、数え切れないほどだ。筆者の【ある日の時計簿】の中にもある。

18時00分〜19時00分、１時間、通勤、☆（１駅分徒歩、乗客と席譲り合い）

帰りの電車の中で見知らぬ乗客の「現在のわたし」と思いがけず、席の譲り合いの対話になった。疲れた心が癒《いや》された。

21時00分〜22時30分、１時間30分、自由、☆☆（おしゃべり、お茶）

おしゃべりは大した内容でなくても、話に参加することに意義がある。まさにオリンピックのように楽しい参加時間になり、ささやかな幸福共同体になった。

22時30分〜22時40分、10分、自由、☆（町猫遊び）

他人でなく〝他猫〟は「現在のわたし」になれないのかしらん。呼びかければ「ニャー」と答え、遊んでくれる。快い時間を十二分に生み出すというのに。

「他現表」リスト

現在のわたしは、他人の「現在のわたし」と対話し、心に良い時間を生み出すことができる。幸福も実現する。時計簿は、そうした幸福の記録でいっぱいだ。ここで忘れてはいけないのは、おしゃべりや対話の総有時間は、ことのほか幸福を実現する力が強い、ということだ。

第4章で、単なるおしゃべりは真水時間の総有であり、神と遊ぶように快い時間だと説明した。「かけがえのない人間関係は、幸福を実現するための源泉になる」とも指摘した。だからこそ、時計簿には対話の総有時間が多くなる。たくさん幸福になりたいなら、他人の「現在のわたし」と対話するためになるべく時間を投じたほうがいい。現在のわたしが幸福になるのに、他人の「現在のわたし」たちが大いに手伝ってくれる。

現在のわたしにとって、対話相手となる他人の「現在のわたし」は大切な存在だ。そんな相手との対話でお世話になり、快い時間が十分に生み出されて幸福になったら、その印として「♡」を記録する。そうして、**特に大事な他人の「現在のわたし」となるべく多く対話できるようにしたい**。過来表や未去表と同様、他人の「現在のわたし」表、略して「他現表《たげんひょう》」を時計簿に整えてはどうか。

他現表の中には家族、友人、悪友、仕事の同僚、そして恩人が含まれる。対話時間を総有し、快い時間を十分に得られたら、♡を付け足す。これを繰り返すうちに、どの他人の「現在のわたし」がとてもとても大切な対話相手であるのかがますますはっきりする。

きれいになる極意《ごくい》として「『わたし』を見つめ直してください」と助言する美容家の佐伯《さえき》チズなら、他現表にあえて「わたし自身」を入れるのではないか（２００７年に筆者がインタビュー）。化粧品などをむやみに便利に多用しても、かえって肌荒れなどを引き起こす。

まず鏡で自分と向き合う。「花を育てるように毎日せっせとお水や栄養を与えて、『キレイになりたい』と思う気持ちと、肌のお手入れが何よりも大事です」「『キレイに咲いてね』と愛情を注げば、肌は必ず変わっていきます。（中略）肌の調子がよければ、『あら、なんだか今日はキレイじゃない』と、声に出して褒《ほ》めます」（『佐伯式　艶肌《つやはだ》術と心磨き』さくら舎）。鏡で自身の現在のわたしと快く対話すれば、心も体もきれいにできる。

尽きることのない対話を続けるには

現在のわたしは対話することで、過来と未去とすぐに近しくなれる。なぜなら、現在のわたしにとって過来は「元わたし」、未去は「前わたし」「わたし候補」だ。ともに現在のわたしと縁もゆかりもある時間だからだ。

元わたしは本来、過ぎた時間として刻一刻と遠い昔になっていく。忘却の彼方に去って行く。こうした過去への流れから、現在のわたしが対話によって掬《すく》い上げ、近くに寄せたのが過来だ。もともと知っていた時間と再会するようなことだ。

わたし候補は本来、現在のわたしが出会ったこともないこれから先時間だ。本当に実現するかもはっきりしない。一生会うことがないかもしれず、究極の疎遠関係だ。そんな見知らぬ未来から、現在のわたしが対話によって掬い上げ、近くに寄せたのが未去だ。

現在のわたしは対話を通じて未去に託した夢や希望を、本当に実現するよう努める。現在のわたしにとって、未去はまさに気心が知れた分身。夢や希望のいわば〝共催者〟だ。

一方、現在のわたしと他人の「現在のわたし」は、もともと疎遠な関係だ。同じ現在を共にしながら、身体は別々だ。互いのことをほとんど知らないし、わからない。考え方の違い、意見の対立、言い争いも珍しくない。過来や未去と比べて、他人の「現在のわたし」とわかり合う、互いに知るのは簡単ではない。

歴史家エドワード・ハレット・カーが著書『歴史とは何か』の中でいうような「尽きることを知らぬ対話」が、過来や未去以上に求められる。

尽きることのない対話を続けるには、実に多くの時間が必要だ。お金は要《い》らないが、真水時間をたくさん工面しないといけない。手間暇かかり大変だ。困難を承知の上で、２つの「現在のわたし」が対話をあきらめず、真水時間をなんとか融通《ゆうずう》するとしたら、それは、得られる恵みが大きいからだろう。

「対話の総有時間は、ことのほか幸福を実現する力が強い」ことを、わたしたちは知っている。わたしたちは、おしゃべりやアンサンブル、集会、宴会など対話が大好きだ。「仲の好《よ》いで喧嘩する」ということわざがある。互いに率直なもの言いであっても、たとえ批判合戦になっても、対話のために投時することをやめない深い信頼関係を言い表す。

互いのことを知り、わかり合うには、自身に対する厳しい意見にも耳を傾けることが必要だ。たとえ都合の悪い過去の事実を突きつけられても、対話をやめたらおしまい。それは現在のわたしにとって大切な教訓、戒めだ。カーの名言を引き寄せれば、こういえそうだ——他人という光に照らして初めて、わたし自身をよく理解することができる。

ゲームデザイナーの中村聡《なかむらさとし》は、世界的なカードゲーム「マジック：ザ・ギャザリング」の競技大会でアジアチャンピオンに輝いた。コンピューター相手のデジタルゲームより、人間相手のアナログなカードゲームのほうが断然楽しいと話した（１９９９年に筆者がインタビュー）。

「パソコンゲームもしょせんは機械。ある程度やっていると一定の法則があることが見えてしまう。人間が相手だと対戦のたびに対応が違うし、何を仕掛けてくるのかわからないから、くめども尽きないおもしろさがある」。相手が人間だから、もっともっと対話をしたくなる、と教えてくれた。

わからないから対話したくなる。対話をすると、わからないことが増える。そこで、また対話をしたくなり、実践する。対話は結果だけでなく、過程の恵みも大きい。

対話の距離を縮める法

現在のわたしが過来と、あるいは未去と、さらには他人の「現在のわたし」と思う存分、対話を楽しむには、何はなくとも時間が必要だ。この時間は、お金要らずの真水時間で間に合う。

時計簿を手にしてたくさん対話をしたいと思ったら、身体の健康を維持して、そのために十分な睡眠と、体内時計をうまく働かせる食事を心がける。生活するのにある程度のお金は必要だ。でも、稼ぐために仕事にあまりに多くの時間を投じれば、1日24時間の制約の中で、対話のために真水時間を工面できない。第一、健康を害してしまいそうだ。

こうして、対話には何かと真水時間が必要だが、もともと疎遠な2人の「現在のわたし」

の対話を促進し、補佐する装置が今、経済社会にさまざま用意されている。装置のからくりはというとまず、互いの身体の物理的な空間の隔たり、距離を縮める。そういう空間の演出をして、対話をしやすい環境を整える。その上で、互いに知り、わかり合うための対話にできるだけ多くの時間を投じるよう促す。この装置とは、飲食や娯楽などのサービス産業のことだ。

たとえば、おいしい料理を出す飲食店だ。食べたいと欲する人たちが狭い空間に集まり、互いの身体が接するくらい距離を縮める。おかげで、顔と顔を向かい合わせて意思疎通がしやすくなり、顔の表情や息づかいなども感じ取れる。人柄もよく知ることができそうだ。さらに酒でも飲めば、本音の対話もできる。カラオケ店も温泉旅館も、ライブハウスも同様だ。人々が一つの空間に集まり近づき、時間を共にして心を通わせようとする。

こうしたサービス産業を利用して、空間的な隔たりを小さくすれば、対話はしやすそうだ。さらに対話の時間も次々と投じやすくなる。言い換えれば、対話の進み具合は、対話する「現在のわたし」たちの空間的な距離に反比例し、対話する時間の量に比例する。この関係を「対話促進方程式」と呼ぶことにする。

「現在のわたし」たちの対話を促進し、近しい関係にしてくれそうなこうしたサービス産業は、確かに頼りになる。本来、対話は真水時間だけでできる。でも、お金を出して簡単手軽にサービス産業を利用したほうが、対話が促進されそうだ。もともとは疎い同士の「現在のわたし」たちが親しくなる環境が整うなら、多少のお金を使ってでも多用するのは当たり前。

ちなみに、多くの人を集めるスポーツや趣味・創作、娯楽、観光・行楽の4分野を合わせた日本の余暇市場は、２０１８年に約72兆円になった。余暇市場は、経済社会に生きる「現在のわたし」たちが対話をするために、なくてはならない基盤、インフラになったようだ。

人と人の対話のためにお金を使うのが当然になったこの経済社会を２０２０年、新型コロナウイルスが襲った。感染を防止するために、身体同士を空間的・物理的に近づけることができにくくなった。いわんや接触をや。同じ場所に人が集まることもはばかられることに。「現在のわたし」たちが対話し、近しくなるように演出してくれるはずのサービス産業を利用するのは難しくなった。以前のようにはお金も使えない。経済も悪くなる。

対話促進方程式によれば、空間的な距離が縮まり、同時に対話時間が増えれば、「現在のわたし」たちはより一層近しくなるはずだ。もし、空間的な距離の縮小が望めないなら、代わりに対話のために投じる時間を増やすしかない。

時計簿とともにあるわたしたちは今や、真水時間も含めた時間全般の力を知っている。時計簿とともにあれば、時間の力を十二分に発揮する方法もわかっている。コロナ禍では、お金を使おうと使うまいと空間的に濃厚な対話をするわけにはいかない。その分を、時間的に濃厚・濃密な対話をして補うことはできる。

「時恵」の時代

新聞の投書欄には、空間的に濃厚にならない代わりに、時間的に濃厚な対話を実践した例が紹介されている。48歳の小野栄子は毎日、しっかり時間を投じて友人宛にはがきを書いた。返事をくれる友だちもいて、「励ますつもりが自分が励まされた」という（朝日新聞２０２０年４月22日）。コロナ禍前と比べて、対話のために使うお金はわずか。丁寧《ていねい》に投時することで、遠方の友人とさえ濃厚な対話ができる。

ウクレレ好きの61歳、大橋秀子は仲間５人とインターネットを使い、ビデオ会議方式のオンライン飲み会を開いた。モニターを通じてとはいえ、「顔を合わせたのは数か月ぶり」。近況報告や苦労話の共有、ウクレレの弾き語りも披露し合い、「仲間と共に大笑いできる幸せをしみじみと感じました」という（読売新聞２０２０年５月９日）。

実際に空間的な隔たりを縮めなくていい。現在のわたしが「離れていない」と思えるように環境を整えればいい。こうした環境整備はＩＴが得意だ。

「離れていない」というのは本当の現実ではなく、仮想現実に過ぎない。仮想現実とは「実際には存在しない仮想的な世界を作り出して、そこにその人が属しているように感じさせる装置」（日本国語大辞典）のこと。現在のわたしは、仮想現実を本当の現実のようにみなして、対話のためにたっぷり投時する。ちゃっかり幸福まで実現するなんて、現在のわたしはなんと自由自在であることか。

それにしても、コロナ禍時代は、お金より時間の重要性が増している。他人の「現在のわたし」と対話をするには、より多くの時間を投じる必要がある。

従来は外食で済ませていた食事などは、手づくりするため投時する。さらに、感染防止で、こまめに1回30秒程度の手洗いを繰り返さないといけない。お金の管理以上に、時間の上手なやりくりがより一層求められる。コロナ禍で時計簿によって、わたしは人生の時間の達人になれるかもしれない。

そもそも、経済社会の中でお金はとても大事だ。翻《ひるがえ》って時間は軽んじられがちだ。その結果、健康も家族も大都市でない地域もおろそかにされる。人も町も経済的な格差がますます広がる。

お金と時間の格差状態を変えたい、変えなければとの思いも入れてつくったのが時計簿だ。時間が主役の時計簿は「時間の、時間による、時間のための」フィールドだ。

本書ではこれまで、時間の世界の見取り図をつくり、お金でなくなるべく時間で人生を幸福にする道を探ってきた。そのために投じた時間の過程で、時間の知恵を得る。「時間がなければあらゆることが無価値」は本当だと痛感する。地球環境や平和を守るために、わたしたちが投じる時間、特に真水時間が鍵を握ることも理解する。時間と幸福の関係についても発見する。体内時計と時間の折り合いをつけなければ、健康を保てないと悟る。真水時間の総有がいかに楽しいかを教わる。

時間軸にあるのは過去と現在と未来だけでなく、心の友である過来や未去が潜んでいることに気づく。そして、大切な頼りになる対話相手である他人の「現在のわたし」たちがいるのだと確認する。

こうした投時による恵み「時恵《じけい》」は、時計簿に盛りこまれている。時計簿は、時間がお金の奴隷にならずに時間本位の生活を築くための砦《とりで》、実験工房だ。時間を上手に投じて幸福を実現できるようになったら、それは時計簿が役に立つ証拠だ。好敵手でもあるお金にも感謝しなければいけない。

夢のフィールド

「フィールド・オブ・ドリームス」という米国の野球映画がある。主人公の農場主が畑を切り開いて造った野球場に、伝説の野球選手たちがよみがえり集《つど》う物語だ。この作品は、見る人にある気づきをもたらす――「野球をしたいから野球場を造るのではない。野球場を造るから、生者も死者も野球をしたくなる。そうして〝夢の球場〟になる」のだと。この映画を見た時間はもちろん、大切な過来として筆者の時計簿の過来表に入っている。

時計簿は、わたしの人生時間にとって夢の球場だ。現在のわたしだけでなく、かつての昔時間がよみがえり、これから先時間も姿を見せ、他人の「現在のわたし」まで登場してやりとり、対話というプレーが始まる。

そこでは、幸福を実現するようなファインプレーも、そうでないエラーも繰り広げられる。眺めるだけでああ、なんと楽しいフィールドであることか。

忘れてはいけない、現在のわたしも、時計簿のプレーヤーであることを。この際、現在のわたしは、チームメートである過来や未去や他人の「現在のわたし」と思いっきり対話というプレーを楽しむべきだ。

時計簿と対話するとき、時計簿は現在のわたしに向かってこう答える――「人生の時間を楽しもう！」と。

時間を管理するために時計簿が必要で、役立つと説明したけれど、今やそれは間違いだ。時計簿があるから、わたしは人生という時間を楽しみたくなる。これが本当だ。人生の時間を楽しむ気満々なら、幸福もさまざま実現しそうだ。

まさに時計簿は、フィールド・オブ・ドリームスで間違いない。そしてこの夢のフィールドで次に時間と対話しプレーするのは、その宿命の好敵手であるお金だろう。

時計簿のおかげで、わたしたちの時間はお金と対等の関係に近づいた。今こそ、時間とお金が対話して、両者の最適な組み合わせを発見する番だ。この知恵で、現在のわたしたちの人生の時間を最も幸福にするために。

対話開始の「プレーボール！」の合図が待ち遠しい。

あとがき

「何もないこんなまちから早く出て行きたい」

中学生や高校生が地元の文化を取材する活動「文化プログラムプレスセンター」の運営で各地を訪問し、学生と交流する中で耳にしたのは、地方から東京などの大都市に移り住まないと将来はない、と悲観する声だった。地方経済は弱体化、故郷に住み続けたくても仕事がない、生活できない、とうつむく10代たちの姿に、いても立ってもいられない思いを募《つの》らせた。これは、現在のわたしにとって、重要な過来だ。

東京２０２０オリンピック・パラリンピック大会組織委員会で文化・教育委員会委員長を務める青柳正規さんは、東京大会の盛り上げのために全国で繰り広げられる各種の文化企画・イベント「文化プログラム」について、地域振興の切り札だと語った。国は莫大な借金を抱え、巨額のお金を使って地域振興する政策は、もう続けられない。「これからの日本を左右するのは、お金でなく文化です」

中学生・高校生が地元の文化プログラムを取材し、感想を語った――「地元の文化をよく知ることができて、この町が好きになった」「大都市の学校に進学しても、必ず故郷に戻ってきたい」と。文化のおかげで、たくさんの町が未来世代に見捨てられずに済んだ。こういう若者たちであれば、町を再生させ、「現在のわたし」たちを幸福にするに違いない。

お金では活性化しなかった町は、確かに文化で元気を取り戻しつつある。人々が幸福を実現している。

ところで、町を再生させることができる文化と、そうでない以前の文化と、何が違うのか。答えは、文化プログラムプレスセンターで教えてもらった。ほかでもない、時間だ。中学生・高校生たちが地元に興味を抱き、調査をし、インタビューし、新聞までつくる。青春時代の時間をこの町の文化に投じた。

なるほど、10代が投時しやすい、時間を投じたくなる環境「時間インフラ」を町の大人たちが整える。そのためにたくさん投時する。さまざまな人たちの実に多くの真水時間が文化に投じられ、総有され、町を活性化するのだと気づかされた。

時間インフラが整った魅力ある町は、よそからも老若男女を引きつける。たくさん投時したくなるから長居もする。おいしい料理を食べたり、旅館で安眠したりするのに時間だけでなく、お金も投じたくなる。来訪者も味を占めれば、「必ず戻ってきたい」と思うもの。これから各地で真水《まみず》時間が投じられ、時間インフラが整えられることを願っている。これは、現在のわたしの大切な未去だ。

「何もないこんなまちから早く出て行きたい」という若者に会ったら、「時間があるじゃないか」と伝えたい。でも、お金本位の経済社会の中で、時間はかなり分が悪い。軽んじられている。時間を資源として上手に使い、その力を十分に発揮させようと、健康不安の筆者のためだけでなく、ほかの人の参考になるようにと時計簿《じけいぼ》を開発してみた。お金本位の経済社会に生きながら、少しでもお金から自由になる時間の世界、フィールドをつくりたかった。

時計簿によってわたしたちは、さまざまなことを時間で見られるようになる。どんな投時をしたら人生を楽しめて、幸福を実現できるかがわかってくる。その上で、時間とお金の最良の組み合わせを考えるようになる——本書の不具合や不備については、読者各位のご批判ご指導を待つしかない。

本書は、20世紀の哲学者マルティン・ハイデッガーの名著『存在と時間』（桑木務《くわきつとむ》訳、岩波文庫）に依るところが大きい。できれば各章で登場してもらいたかったが、ふさわしい場面をどうしても見つけられなかった。カーテンコールのようなあとがきで紹介するしかないのは、筆者の浅学さゆえだ。

ただ、紹介が遅れた理由がまったくないわけではない。時間について考え、疑問が生じるとき、その答えを各種文献に求めるのでなく、ジャーナリストとして、時間使いのベテランである文化人、生活者、幸福追求者たちを頼った。誰かがかならず答えを見つけ、実践さえしているはずだ、という確信があるからだ。

本書でも新聞の投書を多く取り上げたが、確信は称賛と深い信頼になった。結果、本書は多くの〝時間の賢者〟で占められた。こうしたすばらしい対話の相手を引き合わせてくれた新聞各紙に、感謝を捧げたい。

世界中の「現在のわたし」たちの活動時間が記された世界時間地図のような新聞紙面をテーブルに広げ、読みながら食事をする時間の楽しさは格別。これからも「ながら読み」時間を満喫する形で、新聞への恩返しをしたい。

哲学者の内山節《うちやまたかし》さんにも特に感謝を申し上げたい。「時間を個人のものにした」経済社会から、「他者と関係を結びながら創造されていく（中略）関係的時間」を取り戻すよう呼びかける著書『時間についての十二章』（岩波書店）は、時計簿を記録するのに最高の参考書だ。

インタビューで内山さんが時間の共有について語ってくれたから、筆者は「総有」について追究することができた。真水時間の総有で実現する幸福は確かに、人と人が強い絆《きずな》で結ばれる共同体時間へ立ち戻るときの気持ちと似ているかもしれない。

お金によってわたしたちは、より自由に、物質的に豊かに生活できるようになった。でも、道具だったはずのお金の力があまりにも巨大になり、わたしたちの主人のようになった。その挙げ句、生きるための人生時間さえ隷従させられ、軽んじられるに至った。今や、お金のせいで生きること自体が難しくなっている。わたしたちは、虎の子の人生時間をむやみにお金のために差し出してはいけない。

「存在と時間」でなく「お金と時間」について、多くの方々の「現在のわたし」と対話し時間を総有しながら、時間を復権させる道を探ってきた。ここでいったん筆をおくが、たどたどしくもある本書の取材の過程で生み出された時の恵みの最たる時計簿が広く愛用され、さまざま改善されながら、わたしたちの人生時間をより幸福にしてくれる本当の夢のフィールドになってくれることを願ってやまない。

本書で登場いただいた方々だけでなく、多くの友人、仕事仲間、恩人、そして家族ともたくさんの時間を総有した。心から感謝申し上げたい。本書は、皆さんの真心あふれる真水時間の賜物《たまもの》であることを報告したい。また、未来世代にとって、これからの人生に少しでも役立つ実用書になってくれたら、望外の喜びである。

最後に。時計簿のシートを試作してくれたデザイナーの大塚安矢さんに感謝したい。そして、前著『小澤征爾　音楽ひとりひとりの夕陽』をものして以来、わたしを叱咤激励し、多くのお金にならない真水時間を投じてくださった編集者の古屋信吾さんと猪俣久子さんにお礼申し上げる。なんとか原野を切り開いて、ちっぽけながら時間についておしゃべりし、対話をする楽しい、人を健康にするフィールドをつくることができたようだ。

コロナ禍の東京にて　　小池真一《こいけしんいち》

著者略歴

一九六四年、東京都に生まれる。東京都立両国高校、慶應義塾大学経済学部を卒業。一九八九年、共同通信社に入社。水戸支局、川崎支局などを経て文化部に。出版、音楽、レジャーなどを担当。「みそ知るの旅」「アラーキーの幸福写真」「日本文化練習帳」「おむす美ギャラリー」「声優 SAY ME」「ただいま広辞中」「よるキャラリーグ」「相撲しよう！」などを連載。二〇一六年から文化プログラムプレスセンター事務局などを担当。

著書には『小澤征爾 音楽ひとりひとりの夕陽』（講談社+α新書）などがある。

40代《だい》からの「時計簿《じけいぼ》」革命《かくめい》

——多忙《たぼう》という無駄《むだ》からの脱却《だっきゃく》

二〇二〇年一一月一二日　第一刷発行

著者　小池真一《こいけしんいち》

発行者　古屋信吾

発行所　株式会社さくら舎　http://www.sakurasha.com
東京都千代田区富士見一-二-一一　〒一〇二-〇〇七一
電話　営業　〇三-五二一一-六五三三　FAX　〇三-五二一一-六四八一
編集　〇三-五二一一-六四八〇　振替　〇〇一九〇-八-四〇二〇六〇

装丁　アルビレオ

写真　Tanakorn Akkarakulchai/Shutterstock.com

印刷・製本　中央精版印刷株式会社

ISBN978-4-86581-270-1